マクルーハンとメディア論

身体論の集合

柴田 崇

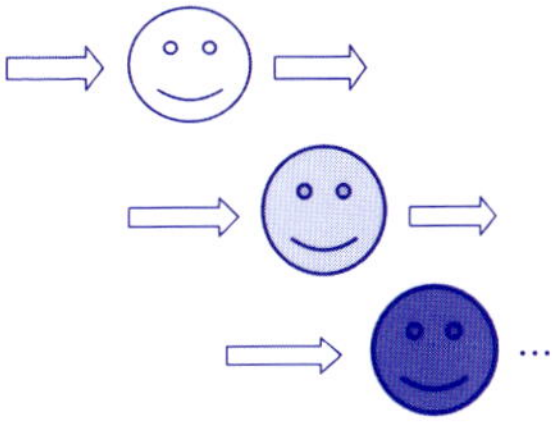

勁草書房

はしがき

マクルーハンとは誰なのか？　手元にある辞書を引いてみてほしい。日本語のものでも英語のものでも、少し大きな辞書ならばこの人物の名前が載っているはずだ。インターネットで検索すれば数百万の関連ページがヒットするだろう。いくつかの辞書を見比べると、一九一一年に生まれたカナダの人で、マスメディア、あるいはマスコミュニケーションの研究をして、一九八〇年に亡くなった、というあたりのことが書かれている。一般向けの辞書に記載されるところから推察できるように、ホームグラウンドのメディア研究ではかなりの有名人である。メディアと名のつく研究をしていてマクルーハンを知らなければ、その人は少々不勉強だと言ってよい。ついでに言うと、メディア論の講義でこの名前が一度も出てこなければ、担当の先生はかなり独創的な方だと思って間違いない。

有名人とはいえ、三〇年以上も前に亡くなった人物について語り始めるには、それなりの理由が要る。ありていに言えば、マクルーハンは名前ばかり有名で実はほとんど知られておらず、知られないままに忘れ去られようとしているからである。本書は、忘却の淵からマクルーハンを救済し、このユニークな思想家を一人でも多くの人に知ってもらうためのものである。

かつてある哲学者が「マルクスは一〇〇年もつが、マクルーハンは五〇年もつ」と予言したらしい。ここで言う「もつ」の真意は定かでないが、学説として命脈を保つことを指すと理解してみよう。そうすると、五〇年、または一〇〇年続いた命の、少なくとも二通りの最期を想像できる。一つ目は、一時代を築いた有力学説が公の論争で論理構造の破綻を突かれ、崩れ落ちる様子である。そこには、驚きや絶望とともに一種の華々しさがある。二つ目は、人口に膾炙した学説が次第に顧みられなくなり、廃れる様子である。宣告の機会を逸した死には一抹の華やかさもない。前者がその時代の公衆に鮮烈な記憶を残し、後世に語り継がれるべき資格を持つのに対し、後者は、記憶する特定の公衆はおろか、そもそも記憶されるべき本質を欠くために、忘れ去られるしかないのである。主著の発表から五〇年が経過した現在、マクルーハンは忘れ去られようとしている。そして、マクルーハンが緩慢な最期を迎えようとしている理由は、学説の破綻を指摘される以前に、論理構造の解明がなされていないという意味での無知に求められる。

無知が責められるべきだとしても、すべての責任を読者に押しつけるわけにはいかない。というのも、マクルーハンの本自体が、論理的構造の解明を阻むいくつかの障害を内在しているからである。主著の一つの『グーテンベルクの銀河系』（一九六二年）を開いてみよう。グーテンベルク（Gutenberg, J. 一四〇〇?～一四六八年）が発明した活版印刷技術の衝撃を考察したこの本には、古代ギリシャの詩人、哲人に始まり、中世の聖人を経て、現代の生理学者や生物学者、建築家に至るまで、異なる時代の異なる分野の膨大な数の人物が登場する。マクルーハンは、時代を縦断し、分野を横断しながら新奇な概念を数多く繰り出し、それらをさまざまに言い換えながら何事かを語っている。本のレイアウトを見てみよう。入れ子状の明確な章・節の区分はなく、意味ありげな見出しを掲げた節毎に上記の概念を使った考察が展開している。読者は、部分を包括する全体像を欠いたまま、部分の理解に苦慮しなければならない。こうした難解さに加え、難解さに正面から挑もうとする心を挫く仕掛けもある。マクルーハンは自著の中でことある毎に論理的思考を批判し、それを退けるよう勧めている。そのような勧誘がマクルーハンに対する無知に拍車をかけてきた。

こうして、マクルーハンの本は、論理的な分析、あるいは理論としての評価を退ける雰囲気をまとい、その雰囲気に抗わず文中にちりばめられた警句《アフォリズム》を楽しもうとする読者は、相応のインスピレーションを受けてきた。その結果、『グーテンベルクの銀河系』と『メディアの理解』（一九六四年）をきっかけに、北米発のマクルーハン・ブーム（いわゆる「マクルーハン旋風」）が巻き起こった。そして、一九六〇年代の終わりとともに旋風が収束した後も、一九八〇年にマクルーハンが没した後も、マクルーハンの本がまとう雰囲気は変わらず、理論的研究が御座なりになったまま、世

紀を跨いで現在に至っているのである。(1)

二一世紀の現在も、マクルーハンの本を繙く者は、新しいメディアを表現したかのような一節を文中に見つけ出し、そこから何らかのインスピレーションを得ることができるだろう。現在の情勢のみを背景に、テクストから気に入った箇所を切り取る態度を「状況的な読み方」と呼ぼう。状況的な読み方がマクルーハンへの無知を甘受するところに始まり、忘却に行き着くことは、もはや説明するまでもない。

忘却の責任の一端は読者に、一端はマクルーハン自身にある。マクルーハンの理解を目標に掲げる本書は、責任者探しから一歩踏み出し、状況的な読み方に代わる二通りの読み方を提案する。一つ目は、難解さに正面から挑み、アフォリズムの下層にある論理構造を摑み出す「構造的な読み方」、二つ目は、マクルーハンの思想をより大きな思想の流れの中で考察する「系譜学的な読み方」である。

たとえば、マクルーハンの最も有名なテーゼに「メディアはメッセージ」がある。コミュニケーションの分析においてメディアに注目するのが自明なものになった現在、このテーゼをメディアに注意を向けるためだけのアフォリズムと見做すならば、インスピレーションを喚起する力はもはや尽き果てたと言うしかない。しかし、「メディアはメッセージ」を、マクルーハンの思想の不変の構造を知る手がかりと見做すとどうだろう。構造的な読み方とは、「メディアはメッセージ」を含むアフォリズムの群の下層に不変の構造を持つ理論の存在を想定し、それを探究する態度である。

また、理論を探究する過程は、必然的に理論を構成する概念の歴史性を確認する作業をともなう。思想史の観点から眺めると、理論が実は極めて歴史的な産物であることが分かる。少なくとも人文科学において、普遍性を標榜する大部分の理論は、意識的であれ無意識的であれ、先行する思想、より正確に言えば、先行する文献（プレテクスト）の中の思想を寄せ集め、焼き直したものに過ぎない。理論の独創性は、焼き直しの妙に認められる。理論を歴史の文脈に置き直す系譜学的な読み方により、私たちは、マクルーハンの独創性を測ることができるのである。

最後に、本書のタイトルを「マクルーハンとメディア論」とした理由を簡単に説明しておこう。目次を見てもらえば分かるように、本書は、マクルーハンのメディア論の発達を時系列で追跡する体裁を採る一方、マクルーハン自身の生活史にはほとんど紙面を割いていない。マクルーハンの成長はメディア論の発達に従属し、その逆ではないと考えるからである。作品としてのメディア論は、マクルーハンの外からマクルーハンを説明できる。作者と作品を対峙させて後者をより重視する姿勢は、一見奇抜に思えるかもしれない。しかし、このような姿勢は、思想を理解する作業においては実は正統なものであり、とくにマクルーハンのように時代の寵児に祭り上げられ、生活史のエピソードが豊富な人物の思想を解明するのにメリットがある。これらの点は、本書を読み進める中で理解してもらえるだろう。ともあれ、本書が、マクルーハンその人よりも、作品の個性を重視する方針で書かれることを初めにことわっておきたい。

本書は、以下の章で構成される。

序章　その生涯とメディア論では、本格的なメディア研究が始まる経緯を概観する。マクルーハンの簡単な個人史を見た後、メディア研究の出発点となった『機械の花嫁』、学際研究を通じて方法論が模索された『探究』を解題し、『グーテンベルクの銀河系』と『メディアの理解』に至る道筋を確認する。

第I部　挑戦と挫折では、メディア論が理論として発達していく過程を追跡する。第I部の工程は、序章で取り上げた二冊の主著について、それらが書かれた歴史的文脈を再現しつつさらに深く掘り下げる作業が中心になる。**第1章　「メッセージはメッセージ」への挑戦**では、「メディアはメッセージ」が生まれた歴史的文脈を再現しながら、マクルーハンが戦いを挑んだ相手と、その結果味わった挫折について詳説する。**第2章　「メディアは身体のエクステンション」の構想**では、マクルーハンがある種の身体論の構築でこの挫折を乗り越える過程を追体験する。見出しにあるように、本章の主題は、「エクステンション（extension）」という概念が理論の構築で果たした役割を理解するところにある。「エクステンション」には、「延長」「拡張」「外化」の三つの意味があるが、三つの意味を分節するだけではマクルーハンの理論は理解できない。また、三つの意味を平面的に重ねてみてもマクルーハンの理論にはならない。まず、「エクステンション」が三つの意味に分節できる根拠を歴史的に裏づける作業を行い、系譜学的な読み方を準備する。そして、系譜学的な読み方と構造的な読み方の往復を繰り返し、マクルーハンの理論の骨子を把握する。

第II部　メディア研究の到達点は、第I部で示された理論の骨子が受肉する様子を見届ける。マクルーハンのメディア論が二冊の主著で完結したなどとはゆめゆめ考えてはならない。旋風の収束をよそ目にマクルーハンは理論の構築に力を注ぎ続け、一九七〇年に入ってようやく一つの結論に到達する。**第3章　「探索の原理」への結実**では、まず、主著発表以降のマクルーハンの思索が「探索の原理」につながっていたことを確認する。その上で、「探索の原理」を理論として捉え直し、マクルーハンの思想の独創性を論じる。**第4章　「探索の原理」の意義**は、ここまでの論考で生じる疑問点を項目にし、それぞれについて「探索の原理」から解答を与える。マクルーハンの謎を解くことができれば、理論として摘出した「探索の原理」の確かさも証明できるだろう。その上で、「探索の原理」以後の展開を概観し、マクルーハンの思想全体における「探索の原理」の意義を考えたい。

第Ⅲ部　エクステンションとマクルーハンのメディア論は、これまでのマクルーハン研究を整理するために設けた。この章の議論は、やや専門的でマクルーハン理解に直結するものではないが、構造的な読み方の欠如や不足に由来する誤りの例として読んでもらえれば、専門の研究者以外の読者にも意味があると思われる。**第5章　エクステンションの系譜学**では、エクステンションという概念の系譜を整理し、三つの系譜という歴史的文脈にマクルーハンの理論を位置づけ、評価することを目的にする。**第6章　マクルーハンをめぐる論争**では、エクステンションをめぐるマクルーハンと同時代の思想家との論争に決着をつける。そして、論争を前提に展開したマクルーハンに対する批判や解釈の誤りを指摘する。

終章　**メディアとしてのマクルーハン**では、系譜学的な読み方が提示する新しいマクルーハン像を中心に、二一世紀にマクルーハンを読むことの意義についてまとめる。

註

（1）マクルーハンの理論の理解を敬遠する空気については、服部桂（一九五一年〜）の指摘がある（服部 2001: 6）。また、由良君美（一九二九〜一九九〇年）は、「旋風」真っ只中の一九六七年に、「マスコミ学の総長に祭りあげる」（由良 1967: 224）マクルーハン理解が、「マスコミ考現学を出ないもので、英文学にも英語教育にも一般教養にも、縁のない、茶のみ話の一挿話に終わるのがオチであろう」（由良 1967: 225）と警鐘を鳴らした。そして、マクルーハンがブレイクのロマン派のビジョンを継承する者であることを指摘した上で、「英文学研究者の書架に置かれるべきものは、サルトルの『文学とは何か』と並んだ『グーテンベルクの銀河系』である」（由良 1967: 230）というスタイナー（Steiner, F. G. 一九二九年〜）の評価に賛同し、将来にわたって「腰をすえて」マクルーハンの思想の構造について考える必要性を述べている。

マクルーハンとメディア論／目次

身体論の集合

目次

序　章　その生涯とメディア論

その生涯

本書の主人公のハーバート・マーシャル・マクルーハン（Herbert Marshall McLuhan）は、一九一一年七月二一日にカナダのアルバータ州エドモントンで生まれた。ファミリーネームから分かるように、アイルランド系のカナダ人である。伝記によれば、一八四六年に曽祖父のウィリアム・マクルーガン（William McClughan）が北アイルランドからカナダ南部のオンタリオに入植し、アルバータに移り住んだのは祖父のジェイムズ（James）の代からだったらしい(1)。マクルーハンは、この地で不動産業を営む父ハーバート（Herbert）と母エルシー（Elsie）の長男として生を受けた(2)。

一九六〇年代に旋風を巻き起こし、メディア・グル（メディア研究の導師）の名をほしいままにしたマクルーハンだが、研究者のキャリアの出発点は英文学だった。また、大学に入学したころは、エンジニアになることを夢見ていた。一九二八年、エンジニアを目指してマニトバ大学に入学するが、教養課程で英語と歴史に興味を持ち、哲学と歴史学の教師たちとの出会いをきっかけに専門を工学から英文学に変更する。同大で、一九三三年に英文学の学士号、翌年に修士号を取得した後、研究者のキャリアを積むためにイギリスの大学の博士号の取得を目指す。一九三四年、奨学金を得て、ケンブリッジ大学のトリニティー・ホールに留学するが、思わぬ壁に突き当たる。マニトバ大学の修士号が認定されないという事件が起き、博士号取得のために渡英したにもかかわらず、学士課程への入学を余儀なくされるのである。しかし、イギリスでの博士号取得の志は捨てなかった。一九三六年に学士号を取得して帰国したマクルーハンは、アメリカのウィスコンシン大学でグラジュエイト・アシスタントの職を得る。翌年、セントルイス大学で英語学を教え始めると、同大に籍を置いたまま一九三九年に再び渡英する。そして、シェイクスピア研究の権威として知られたブラドブルック（Bradbrook, M.C. 一九〇九〜一九九三年）の指導を受け、ケンブリッジ大学からまず修士号を取得した。修士号取得後は、セントルイス大学で教壇に立ちながら博士論文を準備し、ついに、一九四三年、エリザベス朝の詩人のナッシュ（Nashe, T. 一五六七〜一六〇一年）についての論文（"The place of Thomas Nashe in the learning of his time"）でケンブリッジ大学から博士号を取得した。[3] 博士号を手にしたマクルーハンは、一九四四年、カナダのアサンプション大学に着任する。一九四六年にはトロント大学のセントマイケルズ・カレッジに異動し、一九五二年、同大教授に就に渡る活動拠点になった。[4]

一九六〇年代、マクルーハンは時代の寵児だった。『グーテンベルクの銀河系』(*The Gutenberg Galaxy*)と『メディアの理解』(*Understanding Media*)を発表した後、マクルーハンの発言はアカデミズムの枠を超えて議論を巻き起こすまでになっていた。旋風はやすやすと国境を越え、日本でも吹き荒れた。多数の著書を発表し、全米ネットのテレビやラジオに続け様に出演していた絶頂期のマクルーハンを病魔が襲った。一九六八年、脳に腫瘍が見つかり、急遽手術が行われた。手術は成功したものの、記憶障害や雑音に対する過敏反応などの後遺症に悩まされるようになる。

一九七〇年代は主に共著のかたちでメディア研究の集大成となる成果を発表し続けた。健康面では芳しくない状態が続いたが、研究は着実に前進した。一九七〇年代とともに、マクルーハンのキャリアは幕を下ろす。一九七九年九月、脳卒中の発作で左脳を損傷し、以後、話すことも読むこともできなくなってしまう。翌年、トロント大学は文化技術センターの閉鎖とマクルーハンの退職を決定する。そして一九八〇年大晦日、就寝中のマクルーハンを脳卒中の発作が襲い、メディア・グルの生涯に終止符が打たれた。

私生活では、一九三九年にコリーヌ(Corinne)と結婚し、六人の子をもうけた。マクルーハンの共同研究者として多くの作品に名を連ねる長男のエリック(Eric 一九四二年〜)は、マクルーハンの死後、その仕事をまとめる作業にも手腕を発揮し、[5] マクルーハンの著作を世に送り出している。

また、妻のコリーヌは書簡集の編纂に、三女のステファニー（Stephanie 一九四七年〜）は講義とインタビューを集めた作品の編集に携わった。(6)

生前に公刊された著作は、共編著を合わせると二〇冊を超え、死後も論文集の刊行が続いている。また、トロント大学が文化技術センターの閉鎖と引き換えに創設した「文化と技術のマクルーハン・プログラム」は、その後、同大情報学部の研究教育部門に組み込まれ、現在まで続いている。

メディア研究の萌芽――『機械の花嫁』（一九五一年）

経歴から分かるように、英文学から出発したマクルーハンがメディア研究者として広く知られるようになるまでに約二〇年の空白がある。ここでは、マクルーハン個人から作品に視点を移し、メディア研究が始まる前の二〇年間を概観しよう。

一九五一年公刊の処女作『機械の花嫁』（*The Mechanical Bride*）をパラパラとめくってみると、たくさんの図像が頁を埋めており、読みやすそうな本との印象を受けるだろう。個々の図像を見てみよう。古典的な図像学に出てくる不可解な図像と違い、日頃目にする身近な広告やポスターの類ばかりである。さすがに一九五〇年代の広告ともなれば、そこに描かれた商品も人物も、デザインやレイアウトも古めかしさは否めない。しかし、それらは最新の「メディア」であり、最新の「メディア」を対象にした『機械の花嫁』は最新の研究だった。ローカルチャー研究の古典とされるバルト（Barthes, R. 一九一五〜一九八〇年）の『神話作用』（*Mythologies*）と『モードの体系』（*Sys-*

tem de la mode）がそれぞれ一九五七年と一九六七年の発表であることを考えても、『機械の花嫁』の先駆性は際立っている。

『機械の花嫁』には、「産業化した世界に生きる人々のための神話」（*Folklore of Industrial Man*）というサブタイトルが付いている。『機械の花嫁』は、産業社会が生み出す魅力的な商品の見本市であり、サブタイトルからは、現代人を駆り立てる消費が一種の神話によるものだという指摘が読み取れる。では、何故そのような本のタイトルが「機械の花嫁」なのか。同書にはタイトルと同名の見出しのついた章がある。マクルーハンは、その章で、現代の機械技術が次々と商品を生産しているだけでなく、商品を扱う市場が誇大な性的イメージと結びついていると書いている。北米で旺盛な消費生活が始まった一九五〇年代、市場に溢れる性的魅力をまとった商品たちは、人々（男たち）を魅了し、消費を促していたのである。同書は、このような大衆の催眠状態を告発し、機械の花嫁を夢見る人々に目を覚ますよう警告した。(7)

一介の英文学者が上記の分析を展開した『機械の花嫁』は、稀代のメディア研究者の誕生を予告するのに十分な異彩を放っている。マクルーハンの名を世に知らしめた『グーテンベルクの銀河系』の発表を大輪の花の開花に喩えるならば、『機械の花嫁』を発表した一九五一年はさしずめ蕾がついた時期といったところだろうか。

そうは言っても、蕾がつくには、まずその種が蒔かれなければならない。何より種を育てる豊饒な大地がなければならない。結論から言うと、メディア研究の土壌は学士課程への編入を余儀なくされる屈辱を味わった最初のイギリス留学時代（一九三四～三六年）に耕されており、メディア研究の種は学士号取得後に着任したウィスコンシン大学（一九三六～三七年）で蒔かれていた。

一九六七年の雑誌インタビューで、マクルーハンは最初の留学時代を次のように回顧している。「私がケンブリッジに着いた頃、イギリスでは、映画や大衆文化の周辺を『言語』のように研究し、理解する風潮が流行し始めていた」（McLuhan 1967c: 51）。ここで言う「風潮」は、ニュー・クリティシズムを指す。ニュー・クリティシズムとは、一種の文芸批評運動であり、作者の意図や個人史よりも作品そのものを重視し、作品中の用語や修辞に注目した精読を方法論とする点に特徴がある。ケンブリッジでリーヴィス（Leavis, F.R. 一八九五～一九七八年）やリチャーズ（Richards, I.A. 一八九三～一九七九年）の講義を受け、ニュー・クリティシズムに肌で接したことで、マクルーハンからは、いわゆるローカルチャーを研究することへの偏見が取り除かれたと考えられる。

ニュー・クリティシズムとの出会いがなければ、『機械の花嫁』に育つ種を受け容れることはできなかっただろう。では、ケンブリッジで耕された大地にどのようにして種が蒔かれたのか。同じインタビューでマクルーハンは次のように語っている。「一九三六年、私（マクルーハン）は、ウィスコンシン大学に赴任した。学部一年生の授業を担当してすぐ、彼らを理解できないのに驚かされた。そして、広告やゲームや映画などの彼らが慣れ親しむ大衆文化の研究が急務だと感じた。これは教育学であり、私の教育プログラムの一部だった。ポップカルチャーの世界という彼らの土俵に上ったのは、教育上の方針からだった。また、広告はアプローチするのに極めて便利な形式だった。

『機械の花嫁』で広告を取り上げたのも、広告を使うのに許可を必要としないという法的配慮からである。授業では広告の他に映画や雑誌の画像も使用した。私は、三〇〜四〇枚のスライドを使って短い講義をした後で、学生に広告について考えるよう促した」(McLuhan 1967c: 50)(8)。ニュー・クリティシズムと出会ってローカルチャー研究への偏見が取り除かれたのに加え、学生を理解するために大衆文化を研究する必要性を痛感したこと、そして、教材として取り上げるのに法的規制がないという便宜的な理由が重なったところに、『機械の花嫁』に育つ芽生えがあった。

『機械の花嫁』は、そのユニークさで、メディア研究の開花を予告するに相応しい作品である。しかし、蕾から将来咲く花の色や形が分からないように、『機械の花嫁』からも『グーテンベルクの銀河系』の概要はうかがい知れない。『機械の花嫁』には、『グーテンベルクの銀河系』のメディアの概念に変革をもたらすほどの革新性はない。セントルイス大学でマクルーハンに修士論文の指導を受けたオング(Ong, W＝J. 一九一二〜二〇〇三年)は、同大時代のマクルーハンをこう述懐している。「当時のマクルーハンのメッセージは、後のメッセージではなかった。当時のメッセージは、ニュー・クリティシズム、中でもケンブリッジ版のニュー・クリティシズムだった」(Ong 1981: 130)。オングは、その後、専門のラムス(Ramus, P. 一五一五〜一五七二年)の研究で世界的な評価を受けるまでに成長するが、一九五〇年代にはマクルーハン主宰のメディア研究誌『探究』(*Explorations*)に参加し、メディア研究の発達にも大きく貢献した。『グーテンベルクの銀河系』で頻繁に引用されているところからも、マクルーハンの弟子という以上に盟友と呼ぶのがふさわしい存在である。オングの目にも、処女作と主著の間の隔たりが見えていた。

オングの傍証に加え、『機械の花嫁』の序文には、メディア研究の発達史における同書の位置づけについてのマクルーハン自身の証言がある。ポー（Poe, E. 一八〇九〜一八四九年）の『大渦に呑まれて』（*A Descent into the Maelstrom*, 1841）の水夫同様、「本書も、新聞、ラジオ、映画、広告などの機械的作用によって現在私たちの周囲に音を立てて流れる大波に立ち向かおうとは考えていない。本書の目的は、読者に機械的作用がつくり出す旋回する景色の真ん中に立ってもらい、すべての現代人が巻き込まれている現在進行中の事態を観察してもらうことにある。実態の分析によって、具体的な対処法がおのずと明らかになると期待する。ただし、本書は、そのような対処法の提示を念頭に書かれるものではない」（McLuhan 1967（1951）: v）。『機械の花嫁』は、これまで研究対象にならなかった「メディア」に目を向けた点で画期的な作品だった。とはいえ、同書で展開する分析は断片的で、メディアという存在の総合的理解には程遠く、メディアの概念に変革を迫る気迫も見られない。「現在進行中の事態」に対処する手段の開発をメディア研究の主題と見做せば、同書は、主題を提示し、これから花が咲くことを予告するという意味で蕾以上の存在ではなかったのである。

『機械の花嫁』は、単独で見れば、ニュー・クリティシズムの適用例の最良の一つというのが正当な評価だろう。言い換えれば、『グーテンベルクの銀河系』に続く成長の過程に位置づけて初めて、『機械の花嫁』にメディア研究の萌芽の評価を与えられるのである。蕾の状態の『機械の花嫁』

を育て上げ、開花に導いたのが、次に見る『探究』である。

メディア研究の成長期――『探究』（一九五三～一九五九年）

一九五三年、学際的なメディア研究誌『探究』（*Explorations: Studies in Culture and Communication*）が創刊した。編集主任にはトロント大学の同僚の人類学者カーペンター（Carpenter, E.S. 一九二二～二〇一一年）が就き、マクルーハンは、イースターブルック（Easterbrook, W.T. 一九〇七～一九八五年）、ティリット（Tyrwhitt, J. 一九〇五～一九八三年）、ウィリアムズ（Williams, D.C.）とともに共編者に名前を連ねた。創刊号には向こう二年間、年三回の発行（一部一ドル）と書かれているが、途中スポンサーの変更を経て、一九五九年の第九号まで続くことになる。[9]

マクルーハンとカーペンターによると、創刊当時の様子は次のようなものだった。「それぞれのコミュニケーションチャンネルは、現実をそれぞれにコード化し、その結果、コミュニケートされるメッセージの内容に想像を超えた影響を及ぼす。私たちはフォード財団から助成を受けて一九五三年からトロント大学でこのようなバイアスの研究を始めた。人類学、経済学、英文学、心理学、都市計画の教員たちが一堂に集まり、さまざまな分野の大学院生を交えて週一回の研究会の開催が二年間続いた」（McLuhan & Carpenter 1956: 49）。週一回催された研究会はさぞ刺激的だっただろう。二人が創刊当時を振り返っているのは、一九五六年にフォード財団の助成が切れ、同誌を総括する必要があったからだ。引用からは、創刊から三年の時点で、コミュニケーションのチャンネル

（経路）がメッセージの内容を左右するという、メディア研究の基本構制ができあがっていたことも読み取れる。

創刊号の巻頭言を紹介しよう。「『探究』は、真実をそのままの状態で後世に伝える種類の、恒久的な参照に耐える雑誌ではなく、探究し、発見し、問いを立てるための出版物でありたい。本誌は、人文科学と社会科学を連続体として扱うことで、両分野を自由自在に横断するだろう。そして、人類学とコミュニケーション研究を手がかりにしつつも、それらをデータとしてではなく、四つの勢力、すなわち人文科学、自然科学、生物科学、社会科学を混ぜ合わせる坩堝として使うことで、人間についての科学が形成されると確信する」。実際、創刊号には、人類学とコミュニケーション研究以外に、社会科学、生理学、視覚デザイン、英語学の専門家が寄稿した他、広告会社の重役の偽名の寄稿もあった。誌面からは新領域を開拓しようとする潑剌とした様子とともに、「人間についての科学」の形成にかけるマクルーハンらの並々ならぬ熱意が伝わってくる。『探究』はまったく新しい「人間についての科学」を構想する点で、ニュー・クリティシズムの適用例にすぎなかった『機械の花嫁』と好対照を成す。

第一号の目次でとくに目を引くのは、ブレイク（Blake, W. 一七五七〜一八二七年）の研究ですでに世界的な評価を受けていたカナダの文芸批評家のフライ（Frye, N. 一九一二〜一九九一年）と、ストレス学説で現代医学史に名を刻むセリエ（Selye, H. 一九〇七〜一九八二年）の名前である。ちなみに、フライの『批評の解剖学』（*Anatomy of Criticism*）の公刊は一九五七年、セリエの『生活のストレス』(*The Stress of Life*) の公刊は一九五六年で、いずれも『探究』の発行期間と一致する。

第二号以降の目次には、前出のオングに加え、チェイター (Chaytor, H.J. 一八七一～一九五四年)、ギーディオン (Giedion, S. 一八八八～一九六八年)、ホール (Hall, E.T. 一九一四～二〇〇九年)、イニス (Innis, H.A. 一八九四～一九五二年) など、マクルーハンの著書でたびたび引用される人たちが登場し始めるが、それらの面々に混じって、ピアジェ (Piaget, J. 一八九六～一九八〇年)、鈴木大拙 (一八七〇～一九六六年) の名前が出てくるのには驚かされる。世界最大の慈善事業団体のフォード財団の看板があったとはいえ、一九五〇年代のカナダでこれほどスケールの大きな学際研究ができた事実は、それだけでも興味深い。

フォード財団の助成が一九五六年に第六号の発行で終了した後、マクルーハンらは、『トロント・テレグラム』(*Toronto Telegram*) 紙の共同オーナーのバセット (Bassett, J. 一九一五～一九九八年) から資金援助を取り付け、翌年に第七号を発行する。マクルーハンがカーペンターと共同編集主任になった第七号と第八号では、それまでの論文集の体裁が変化し、研究をまとめる作業が始まったことが見て取れる。そして一九五八年、全米教育放送者協会の年次大会の基調講演で、マクルーハンの口から、「メディアはメッセージ」("The medium is the message") のテーゼが飛び出した。(10)

『探究』が第九号で廃刊した一九五九年、マクルーハンは、全米教育放送者協会の助成でそれまでの研究をまとめ上げ、翌年、「ニューメディアの理解のためのプロジェクト報告」("Report on

Project in Understanding New Media”）を発表する。それから二年後、『グーテンベルクの銀河系』が公刊され、メディア研究が一気に開花するのである。

メディア研究の開花前夜までをまとめておこう。『機械の花嫁』の主題は、産業化した消費社会の考察にあった。産業化社会を象徴する広告に着目し、それらについて一つ一つ鋭い分析を行ったユニークな作品である。しかし、序文にあるように「実態の分析によって、具体的な対処法がおのずと明らかに」なったかははなはだ疑わしい。第Ⅰ部で見るように、「現在進行中の事態」の理解と対処法の開発は、マクルーハンのメディア研究を貫くモチーフになっている。その意味で、『機械の花嫁』はそれ自体がメディア研究の成果なのではなく、将来得られる成果の起点に位置づけられる。『機械の花嫁』で提示された主題を受け、『探究』では、「人間についての科学」の形成の旗印の下、メディア研究が本格的に始まった。『探究』を経由することで、『機械の花嫁』と『グーテンベルクの銀河系』は初めて地続きになる。『機械の花嫁』が蕾で『グーテンベルクの銀河系』が花だとすれば、『探究』はさしずめ陽光といったところだろうか(11)。

メディア研究の開花
――『グーテンベルクの銀河系』（一九六二年）と『メディアの理解』（一九六四年）

二つの主著の発表を開花に喩えたのには二つ理由がある。第一に、もちろんマクルーハンの経歴の中で最も華やかな時期の到来を表現するためだが、第二に、二つの主著の発表がまだ花の状態に過ぎない点に注意を促したかったからである。一般的な基準からすれば、この二冊はそれ自体で主著と呼ぶに相応しい内実を備えている。しかし、マクルーハンのメディア研究の発達史に位置づけてみると、議論が十分に成熟していないのが分かる。

二つの主著を読むだけではマクルーハンの思想の果実は手に入らない。二冊の発表を以ってメディア研究の発達が終わったわけではない。この事実がほとんど自覚されていないのは、前後の作品と関連づけて解釈する作業が御座なりにされてきたからに他ならないが、直接の原因は、前記の通り、この二冊が極めて難解だからである。

開花したメディア研究を、実を結ばない徒花にしないために、第Ⅰ部で二冊の主著を読み解き、続く第Ⅱ部で後続の作品と関連づける作業を行う。詳細な読解は第Ⅰ部に譲り、ここでは、タイトルを手がかりに二つの主著を大まかに紹介するに留めたい。大まかな紹介とはいえ、実はタイトルを手がかりにするだけでマクルーハンのメディア研究の大枠を読み取ることができる。

読み取りの作業に入る前に、この二冊が、独立した著書というよりも、その補完的な関係から、一九六〇年代までの研究成果の集大成の二分冊であることを確認しておこう。本節の題に両著を併記したのは、単に発表の時期が近かったからではなく、両著が互いに補い合う関係にあるからである。両者の補完性は、『グーテンベルクの銀河系』の末尾が続編の『メディアの理解』の予告で締め括られている事実に加え、理論面からも裏づけられる。理論面での補完関係についても、第Ⅰ部で論証する。

さて、『グーテンベルクの銀河系』(*The Gutenberg Galaxy: The Making of Typographic Man*)の主題は、サブタイトルが示すように、活字人間の形成の検証である。メインタイトルに登場する「グーテンベルク」は、言わずと知れた活版印刷技術の発明者とされるグーテンベルクである。グーテンベルクの名前を聞いて、グーテンベルク聖書の異名を取る美しい四十二行聖書のイメージが思い浮かぶ人もいるだろう。コミュニケーションのチャンネル、すなわちメディアがメッセージの内容を左右するというメディア研究の基本構制に照らせば、活字印刷された本がメッセージの内容を左右し、それを読む人間を活字人間に作り変えるという図式が推測できる。

『グーテンベルクの銀河系』により、マクルーハンはカナダ最高の文学賞のカナダ総督賞(ノンフィクション部門)を受賞する。同書に対しては、絶賛とともに、一部留保をつける声もあった。同じく印刷技術を考察したアイゼンステイン(Eisenstein, E. 一九二三〜二〇一六年)も、「マクルーハンの業績は、印刷技術の登場が社会的、心理的に及ぼした影響をはっきり気付かせてくれた点にあるが、他方、さまざまに異なる状況下で生起した複雑な影響を曖昧にぼやかしてしまった」(Eisenstein 1982＝2001: 99)と、同書の発見的なはたらきを評価しつつも、単純化の手法に疑問を投げかける。(12)(13)

さて、メディアについて知りたい読者には、是非ここで違和感を持ってもらいたい。なぜメディア研究で活字人間の形成を検証しなければならないのか？　「現在進行中の事態」への対処を謳うメディア研究は、なぜわざわざ一五世紀の発明者を召喚しなければならないのか？　マクルーハンは英文学の研究者に戻ってしまったのか？　そもそも「グーテンベルク」に続く「銀河系」とは？

これらの疑問は「はしがき」を読むと氷解する。まず、「銀河系」は「環境 environment」、または「技術環境 technological environment」に言い換えられている。したがって、「グーテンベルクの銀河系」は、「印刷技術が生み出した技術環境」に言い換えられる。そして「はしがき」の末尾には、この本が、現在の電気技術と過去の印刷技術（あるいは機械技術）の衝突を扱うものであることが明記されている。グーテンベルクの召還は、新しい技術環境と対比される古い技術環境を再現するためにに必要とされたのである。つまり、この本には、印刷技術が固有の技術環境を生み出し、そこに暮らす人々を活字人間に形成した過去を再現する歴史研究の側面と、古い技術環境との対比で「現在進行中の事態」を解明しようとするメディア研究の側面が並存しているのである。

さらに「グーテンベルクの銀河系」に目を凝らすと、メディアという存在の総合的理解への解答も見えてくる。印刷技術が発明された後はもちろん、印刷技術の同時代にも前の時代にも、数多くの発明があり、数多くの人工物が生み出されてきた。それらの人工物は、印刷技術に比べれば歴史に与えた衝撃の点で二次的存在にすぎないが、それでもそれを使う人間に何らかの影響を与えてきたに違いない。技術環境が銀河系に言い換え可能なのは、あまたの星星がまとまって一つの銀河系を形づくるのと同様に、あまたの人工物がまとまって一つの技術環境を形づくり、人々に影響を与えるからに他ならない。技術環境とは、人工物の総体が創出する銀河系である。その中心に座し、銀河系の輪郭を形づくるのが、一五世紀半ば以降は印刷技術であり、二〇世紀以降は電気技術なのである。人間は、ある大きな発明とそれをとりまくように配置された人工物の銀河系の中で生活し、影響を受け続けているのである。

グーテンベルクの技術環境は、印刷技術を中心にすべての人工物を配置した銀河系である。そして、「現在進行中の事態」は、この銀河系が電気技術を中心にした別の銀河系への移行過程である。そう解釈すると、『メディアの理解』の立ち位置は容易に了解できる。

まずタイトルを見てみよう。『メディアの理解』（*Understanding Media: The Extensions of Man*）に単数形のメディウム（medium）ではなく複数形のメディア（media）が使われている点に注意したい。前著との継続性を認めるならば、個々の人工物の意味は特定の技術環境の中に配置されて初めて同定できると考えなければならないだろう。この本は、個々の人工物の影響を断片的に理解し、個別に評価することを想定していない。この本の考察で中心になる技術環境についても、前著との継続性から容易に推測できる。ここで複数形のメディアが意味する技術環境は、電気技術の環境を指す。

マクルーハンは、電信の発明が印刷技術の時代を終わらせ、新しい電気技術の時代の始まりになると考えた。『グーテンベルクの銀河系』の続編のこの本は、無線電信技術の発明者のマルコーニ（Marconi, G. 一八七四〜一九三七年）にちなめば『マルコーニの銀河系』と言ったところだろうか。過去を再現する歴史研究と、「現在進行中の事態」を解明するメディア研究が並存していた前著に対し、この本の焦点は、完全に後者に移行している。

目次を見てみよう。Part I と Part II に分かれている。各章の見出しを読めば、Part II では個々の人工物が考察されているのが分かる。そして、その内容は不明だが、Part I が一般論の説明に割かれているのが分かる。『メディアの理解』においてメディア研究は理論を確立し、それを適用する段階に入ったらしい……。このような印象に基づいてマクルーハンの思想は総括されてきたのではないだろうか。

仮に『メディアの理解』でメディア研究の理論が確立されたならば、メディア研究の仕事は、新しい電気技術の環境に個々の人工物を配置し、その意味を確定する作業に還元されるだろう。そして読者は、Part II の目次の中から目当ての人工物を見つけ出し、そこに書かれた考察を辞書の文言のように参照すればよいことになるだろう。

ここで、『メディアの理解』のサブタイトルに注目してほしい。二版ある邦訳では、それぞれ「人間拡張の原理」[14]、「人間拡張の諸相」[15]となっている。この訳は一面で正しい。しかし、一面で正しくないために結果として大きな誤解を生んできた。この論点は、第2章で詳しく論じる。序章では、理論を確立したはずのメディア研究の副題になぜ「拡張」という新たな概念が登場するのか、そこに疑問を持ってもらえれば十分だ。この概念がメディア研究の完成に貢献したからだろうか。そうではない。新たな概念の登場は、前著で示されたメディア研究の根本的な図式、すなわち印刷技術と電気技術を対照する図式が綻びを見せ、それを繕う必要が出てきたことを意味するのである[16]。

メディア研究の発達は二つの主著で終わらなかった。あえて言えば、本当の発達は、破綻を経験したところから始まる。次の第I部でそれを論証する。

註

（1）Marchand（1989: 3）.

（2）以下、本文中の「マクルーハン」はマーシャルを指し、マクルーハン家のその他の人物についてはファーストネームで表記する。また、本文中および註の文献情報の McLuhan はマーシャルを指す。他のマクルーハン家の人物についてはファーストネームのイニシャルを付し、両者を併記する場合に限り、マーシャルについても McLuhan, M. と表記する。引用文献ではマーシャルについてもすべての箇所で McLuhan, M. と表記し、モーリス・マクルーハンについてのみ、混同を避けるために McLuhan, Maurice と表記する。また、人名について原則として初出箇所に原綴と生没年を記すが、不明な者については割愛する。

（3）二〇〇六年に『古典的三学科』（*The Classical Trivium*）の題で公刊された。

（4）同センターは、メディア研究者として脚光を浴び始めて内外の大学から引き抜きの誘いを受けていたマクルーハンを引き止めるために設立された。同センターの沿革については、トロント大学情報学部の以下のページを参照されたい。http://mcluhan.ischool.utoronto.ca/mcluhan-program/hystory/（二〇一三年六月五日取得）

また、マクルーハンの経歴については、簡潔にまとまった宮澤淳一（一九六三年〜）による「マクルーハン年譜」（Gordon & Willmarth 1997＝2001: 189–214）を参照のこと。

（5）たとえば、McLuhan, E. & Zingrone. eds.（1995）; McLuhan, E. & Szklarek. eds.（1999）.

（6）また、『マクルーハンとは何者だったのか?』(*Who was Marshall McLuhan?*) の著者の一人のモーリス (Maurice 一九一三年〜?) は実弟、『地球に触れよ』(*Touch the Earth*, 1971) の著者のテレサ (Teresa 一九四五年〜) は次女である。
（7）『機械の花嫁』の解説については、宮澤 (2008: 73–81) を参照のこと。
（8）広告論としては、『機械の花嫁』に先立って、一九四七年に「アメリカの広告」("American Advertising") という小品を発表している (McLuhan 1947)。
（9）このような雑誌の構想自体は、マクルーハンがトロント大学のセントマイケルズ・カレッジに赴任した一九四六年頃には固まっていたという説 (Kerckhov 1981: 9) もある。
（10）Benedetti & DeHart eds. (1997: 31)
（11）マクルーハンとカーペンターは、『探究』の掲載論文を抜粋、編集し、一九六〇年に『コミュニケーションの探究の解題』(*Explorations in Communication*) を公刊した (McLuhan & Carpenter eds. 1960)。同書、および同書の論文をさらに抜粋した訳書については、柴田 (2011c) を参照のこと。
（12）Eisenstein 2009 (1979): xi.
（13）アイゼンステインの批判の矛先は、マクルーハンが理論構築の根拠にした先行研究に向かう。「マクルーハンや彼（ポール・サンガー）が拠り所とした学者たちが、中世の意思交換をあまりにも口頭に依存すると考えすぎていること、すでに筆写の時代から一部の知識人の間では広まっていた黙読の習慣を誤って印刷技術がもたらしたものと決め付けてしまったことは、もはや明らかである」(Eisenstein 1982＝2001: 99–100)。
（14）McLuhan (1964a＝1967)
（15）McLuhan (1964a＝1987)
（16）『グーテンベルクの銀河系』と『メディアの理解』の相補性については、別稿（柴田 2011d）を参照のこと。

第Ｉ部　挑戦と挫折

第Ⅰ部では、マクルーハンのメディア研究が理論として発達していく過程を追跡する。「はしがき」で予告した通り、ここから、構造的な読み方と系譜学的な読み方を往復しながら、理論を取り出す作業に入る。

まず、「メディアはメッセージ」が生まれた歴史的背景を理解するところから始めよう。「メディアはメッセージ」が単なるアフォリズムではなく、マクルーハンの理論を理解する手がかりであることはすでに述べた。より正確に言えば、このテーゼは、これを手がかりにしなければ前に進めないという意味でマクルーハン理解に必須の手がかりである。しかし、あくまで手がかりにすぎない点に留意しつつ、以下の論考を読まれたい。

第1章　「メッセージはメッセージ」への挑戦

第1章の標題が、「メディアはメッセージ」を転倒させたものになっていることは、もうお気づきだろう。「メディアはメッセージ」は、「メッセージはメッセージ」への挑戦状だった。「メディアはメッセージ」を唱えるマクルーハンの視線は、明確な敵の姿を捉えていた。

マクルーハンが敵視したのは、当時、コミュニケーション研究を席巻していた情報理論である。一九四〇年代の終わりに数学者のシャノン（Shannon, C.E. 一九一六〜二〇〇一年）とウィーヴァー（Weaver, W. 一八九四〜一九七八年）が発表した情報理論とそこで開示されたモデル（通信モデル）は、言語コミュニケーションの説明に取り入れられることで一般化し、一九五〇年代にはコミュニケーション研究の一般理論の地位を手に入れていた。確かに『メディアの理解』にも情報理論を名指しで批判した箇所がある。曰く、情報理論は、意図したメッセージの内容（content）のみに焦点をあて、メッセージを歪めるノイズを監視する一方で、[1] 伝達の形式（form）を無視する傾向がある。[2] 批判の意義を正確に理解するためにも、まず「メッセージはメッセージ」について理解しなければなるまい。

シャノンとウィーヴァーの通信モデル

一九四八年、「コミュニケーションの数学的理論」（"A Mathematical Theory of Communication"）によって情報理論が時代の舞台に現れた。シャノンのこの論文は数式で埋め尽くされており、一部の専門家以外には理解できないものだったが、翌年公刊した『コミュニケーションの数学的理論』（*The Mathematical Theory of Communication*, 1949）では、ウィーヴァーが解説を担当し、一般の読者も、その議論の意味を大まかに理解できるようになっている。これらの著作で公になった通信理論は、電気通信に数学的基礎を与え、通信技術の発展に大きく寄与した。情報理論が現れなければ今日の情報社会もなかっただろう。シャノンが「情報理論の父」と呼ばれ、二〇世紀最大の数学者の一人に数えられるのも頷ける。ここでは、メディア研究との接点、つまりシャノンの功績のほんの一部である通信モデルと、それが一般化する様子のみを概観しよう。

通信モデルの特徴は、メッセージとシグナルを分離することで「流れるメッセージ」の図式化に成功したところにある。[3] 電話を例に取ると図1のようになる。

図1

(1)情報源	(1)電話口の話者
(2)メッセージ	(2)その人の発したことば
(3)トランスミッター	(3)電話機の送話器
(4)チャンネル	(4)電気信号に変換されたことば（シグナル）が通ってゆく電線
(5)レシーバー	(5)別の電話機の受話器
(6)目的地	(6)聞き手

○…△…□ - - - - - - - - - - - - - □…△…○
(1)　(2)　(3)　　　　(4)　　　　(5)　(2)　(6)

図1から、(3)と(5)、または(4)、または(3)から(5)までを「メディア」と規定する通念が通信モデルに由来するのが理解できるだろう。

一連のプロセスを図式化したこのモデルでは、六つ（シグナルを入れれば七つ）の要因がそれぞれの機能を担いながら一つのコミュニケーション像を構成している。そこで(3)(4)(5)の三つの要因は、メッセージをシグナルに変換し、そのシグナルを別の場所に伝達した後で再びメッセージに再変換するまでの機能を担い、「流れるメッセージ」の様態を支える働きをしている。三つの要因とそれらが担う機能からは、メッセージとシグナルの（規則に基づく）「承認された変換（通常一対一で可逆的な変換）」を可能にした技術的背景が読み取れる。つまり、「承認された変換」を技術的に保証できなければ、このような図式化は不可能だったはずだ。そこから、通信モデルは、電気通信時代のコミュニケーションを象徴するモデルだったと言うことができる。

通信モデルが提出したコミュニケーション像とメディアの概

念についてもう少し詳しく見ていこう。「承認された変換」が常態ということは、情報源から発せられたメッセージが、目的地のメッセージと同一のものであることを要求する。電気技術によって可能になった伝達を図式化したこのモデルは、メッセージの正確な（あるいは近似的な）再現を主題とするコミュニケーション像が前提になる。[4] そして、情報源で意図された「メッセージ」に干渉するものはすべて、好ましくない「ノイズ」と見做される。[5] 万一ノイズという変換上の異変が生じた場合には、「承認された変換」の機能を保証する諸要因（(3)(4)(5)）に焦点があたり、その不備が問われることになる。通信モデルにおけるメディアは、それが正しく機能している間は問題にされず、ノイズの発生という異変が生じた時に初めて問題にされる存在なのである。

通信モデルにおけるメディアは、送り手と受け手の地点で等価であることの保証、すなわち「メッセージは（＝）メッセージ」の等式を保証する重要な役割を担っている。しかし、メディアはそれ自体のメッセージを持たないという意味で透明であり、またそうでなければならない存在として扱われているのである。マクルーハンは、まずこれらの前提に異議を申し立てたのである。[6]

ヤコブソンの言語モデル

シャノンらも、電気通信のモデルを一般モデルに敷衍する構想を持っていたが、[7] 実質的にこの構想を実現したのは、言語学者のヤコブソン（Jakobson, R. 一八九六〜一九八二年）だった。

まったく異なる分野の研究者であるシャノンとヤコブソンの接点となったのがメイシー会議であ

る。メイシー会議とは、フォン・ノイマン（von Neumann, J. 一九〇三～一九五七年）とウィーナー（Wiener, N. 一八九四～一九六四年）という、やはり通信技術の発展に寄与した大立者が中心になって組織、運営された学際的会議である。メイシー財団に後援された同会は、工学知識の人文・社会科学への応用という明確な理念を掲げ、一九四六年から一九五三年にかけて十回開催された。実際、初回からの参加者には、ベイトソン（Bateson, G. 一九〇四～一九八〇年）、ミード（Mead, M. 一九〇一～一九七八年）、レヴィン（Lewin, K. 一八九〇～一九四七年、第三回開催直前に死去）がおり、サイバネティクスと情報理論が人類学や心理学を皮切りに人文・社会科学に及ぼした影響を顧みると、同会議の重要性はもっと強調されてよい。

シャノンはメイシー会議の第七回（一九五〇年）、第八回（一九五一年）、第十回（一九五三年）に、ヤコブソンは第五回（一九四八年）に参加しており、(8) 少なくとも同会で両者は遭遇していない。しかし、ヤコブソンが同会への参加で受けた影響は甚大であった。一九五二年にインディアナ大学で開催された「人類学者・言語学者の会議」を、ヤコブソンは次のスピーチで締めくくっている。「言語の実際の運用の研究には、言語学は二つの関連分野、すなわち通信の数学的理論と情報理論との、素晴らしい成果に大きく助けられてきた。通信工学は、この会議のプログラムにはなかったけれど、シャノンやウィーヴァー、ウィーナーやファノ、あるいは、すぐれたロンドン・グループの著作の影響を受けていない発表はほとんどなかった。皆、無意識のうちに、符号化とか、復号化とか、あるいは冗長度（余剰度）……のような、彼らの術語を使っていた。この通信工学と言語学との関係は、正確にはどうなのであろうか。この二つの学問の間に、何か合わないところでもあるだろうか。いや、全然ない。実際、構造言語学と通信工学者たちの研究とは、目的が一致している。それならば、通信理論を言語学に用い、またその逆をするということは、実はどういうことなのであろうか。確かにある点では、情報の交換については工学者のほうが正確にはっきりと系統立てているし、技術的にもしっかりしている。また量的に表わすという点でも、有望な可能性を見せているると認めざるをえない。一方、言語学者は、言語およびその構造に関するぼう大な経験によって、工学者が言語資料を扱う際の矛盾や失敗を見つけることができる。言語学者と人類学者との協力のほかに、言語学者が、そしておそらく人類学者も同じだと思うが、通信工学と絶えず協力していくということが、極めて有益なことだと思うのである」(Jakobson 1953＝1993: 6)。引用からは、発表からわずか四年のうちに通信理論がヤコブソンのみならず、多くの言語学者の心を摑み、言語学者たちがその用語で言語を説明し始めた様子がうかがえる。工学知識の応用という会議の理念は早くも実を結んだ。ウィーナーが提唱したサイバネティクスが勢力を持ったために同会は後にサイバネティクス会議とも称されるが、ことヤコブソンの周辺の言語学に関しては、情報理論がサイバネティクスに優るとも劣らぬ影響を及ぼしたようである。

ヤコブソンは一九六〇年に新しい言語モデルを発表する。このモデルが、「協力」という以上に、通信理論の受容によるものであることは図2に見るとおりである。(9) 通信モデルと同様にヤコブソンの言語モデルの諸要因も、それぞれが担う機能と対応しながら一つのコミュニケーション像を構成

図2

要因	機能
コンテクスト	関説的機能
メッセージ	詩的機能
発信者--------受信者	心情的機能--------動態的機能
接触	交話的機能
コード	メタ言語機能

している。

通信モデルと比べると、コードとコンテクストという要因が新たに加えられる一方で、トランスミッターとレシーバーが消去されているが、コードという語を検証すると、両者の同一性が確認できる。コードとは、符号化と復号化の機能の全体を統括する要因である。つまり、メッセージとシグナルの「承認された変換」機能と、それを担う諸要因の総体を表現している。ヤコブソンが、言語学で通用する言語体系を指す「ラング」でなく、「コード」という語を使用しているのは、「変換」を前提にモデル化を推し進めたからである。ヤコブソンの言語モデルは、一言で言うと、「変換」を常態とした言語伝達のモデルなのである。コードが加わると同時にトランスミッターとレシーバーが消えているが、それは、日常的な言語伝達に、たとえば電話機のような変換機能を担う装置が介在しないからではない。「変換」を常態にするヤコブソンの言語モデルでは、コードを共有する発信者と受信者は、変換機能を果たす装置を埋め込んでいる存在と見做されているのである。

通信モデルの透明なメディアは、言語モデルを通じてさらに見えなくなっていった。では、メッセージはどうか。言語学では、通常、ラング＝言語体系にしたがって個人が行う発話をパロールと呼ぶ。ヤコブソンの言語モデルのメッセージは、図2のように発信者と受信者の間にある限り、従来のパロールではなく通信モデルのシグナルに相当する。ヤコブソンは、発話行為を、ラングの実現という側面ではなく、コードの規則に従うか否かで見ているのである。この解釈は、コードという要因に対応するメタ言語機能によって裏づけられる。メタ言語機能は、発信者と受信者（あるいはどちらか）が、彼らの間で使用されているコードの同一性を確認する必要が生じたとき、つまり変換、または再変換に異変が生じたときに、発話の照準をコードそのものに合わせるという形で発揮される。[10] メッセージの変換に干渉する好ましくない要素をノイズと呼ぶならば、ノイズの発生でメタ言語機能が働き始めると言い換えることができる。ヤコブソンの言語モデルは、ノイズによって変換機能の異変が察知され、コードに焦点があたるという因果関係も、通信モデルと共有しているのである。

さて、ここで注意したいのは言語モデルのコンテクストという要因である。通信モデルにコンテクストという要因は見当たらない。また、コンテクストに対応する関説的機能を他の要因から導き出すこともできない。ヤコブソンによれば、コンテクストは、一般的意味に対する文脈的意味(contextual meaning)という意味本来の問題を扱うために不可欠な機能を担う。[11] 通信モデルを発表した後、シャノンらがそれをコミュニケーションの一般モデルに発達させる構想を抱いていたことはすでに述べた。確かに、通信モデルは「メッセージはメッセージ」の等式でコミュニケーション研究を先導した。しかし、この等式は、メッセージが伝達する形式を表現したものにすぎなかった。

情報理論は電気通信に理論的基礎を提供し、言語学に大きな影響を与えたが、それ自体では、文脈に依存する実際の意味の伝達は説明できなかったのである。ヤコブソンの言語モデルは、コンテクストという新しい要因を付け加えることで、通信モデルを補完する役割を果たしたのである(12)。

マクルーハンの挑戦

通信モデルのメッセージは、ヤコブソンの言語モデルによって「文脈を考慮したメッセージ」に修正された。しかし、「文脈を考慮したメッセージ」を意味のあるものと見做す一方、メディアは、ここでも意味の対象から除外されることになった。ヤコブソンの言語モデルは「メディアはメッセージでない」ことを再確認し、その認識を一般化するモデルでもあった。

ここで重要なのは、マクルーハンが、通信モデルや言語モデルを基礎にしてメディアに意味を認める方向でメディア研究を構想しなかった点である。マクルーハンは、メディアのメッセージを、「意味 meaning ではなく、影響 effect」(McLuhan 1964a: 26) と明確に規定し、意味の伝達を主題にした既存のモデルとメディア研究のモデルが一線を画すことを強調している。メディアのメッセージは、発信者が意図したメッセージでも意味でもなく、メディアを使う者に及ぼされる影響を指す。

加えて、マクルーハンの構想では、メディアの定義も既存のモデルから大きくかけ離れている。通信モデルのメディアは、「意図されたメッセージを媒介するもの」であり、そこには、電気通信の技術に基づくあらゆる変換装置が含まれた。通信モデルのメディアの概念はヤコブソンの言語モデルに引き継がれた結果、コミュニケーションしている人の内部に変換装置を擬制したり、変換装置の間の経路としての媒質をメディアに含める通念を形成した。これに対し、マクルーハンは、『メディアの理解』の目次に見られるように、電話やテレビなどの変換装置はもちろん、映画、写真、印刷されたことば、書きことば、話しことばなどの表象装置から、果ては自動車、衣服に至る人工物のすべてをメディウムに含めている。

もちろん、通信モデルの「意図したメッセージ」を中心にしたコミュニケーション像に異議を唱えたのはマクルーハンだけではない。たとえば、意味に干渉するノイズに着目し、意図した意味から切り離され、雑音として排除されてきた存在を対象にした議論（ノイズ論）も、通信モデルへの有効なアンチテーゼの一つに数えられるだろう。(13) さまざまなアンチテーゼの中でマクルーハンの議論が際立っているのは、異議申し立てから一歩踏み出し、通信モデルが用意した諸概念を一切援用しない地点までたどり着いた点にある。メディア研究は、通信モデルに対抗する理論を志向していた。したがって、メディア研究の価値は、通信モデルへの異議の水準ではなく、代案（オルタナティヴ）の水準で測られなければならない。マクルーハンは、通信モデルとも言語モデルとも違い、さらにそれらに対する局地的な異議申し立てとも異質な、まったく新しい理論としてメディア研究を構想したのである。(14)

オルタナティヴの準備――マクルーハンの文化史観

メディア研究の理論としての新しさについて、メディアとメッセージの関係から見ていこう。「いかなるメディア medium も、単独ではなく他のメディア other media との相互作用の中でのみ、その意味や存在意義を持つ」(McLuhan 1964a: 26)。マクルーハンは、単数形のメディア medium を、複数形のメディア media が形成するメディア環境とともに考えた。「メディアはメッセージ(The medium is the message.)」と言うときのメディアは、メディア環境の中の個々のメディウムを指し、メッセージは、メディア環境を地とするメディウムの影響を指す。

単数形のメディウムは、複数形のメディア環境の中で考える場合にのみ意味を持つ。加えて、メディウムを収めるメディア環境の語にも、通常の理解を超える特異な意味が込められている。その特異性を理解するには、「内容」という語の特殊な用法に着目しなければならない。「プログラムおよび『内容』をいくら分析しても、それらのメディアの魔法や潜在的作用を解読する手がかりはまったく得られない」(McLuhan 1964a: 20)。内容よりも形式に注目するメディア研究の前提を想起すれば、この意味での「内容」は理解を超えるものではない。これに対し、「環境」とセットになったときの「内容」には、マクルーハンに特有の用法が見て取れる。「『メディアはメッセージ』とは、電子工学の時代に関していえば、まったく新しい環境が生み出されたことを意味している。この新しい環境の『内容』は、工業の時代の古い機械化された環境である。新しい環境は、テレビが映画を根本的に加工し直すのと同じように、古い環境を加工し直す。なぜなら、テレビの「内容」

は映画だからだ」(McLuhan 1964a: vii)。[15] テレビの内容が映画である、という一文の意味は、新しいメディアのテレビが、その草創期、独自の形式に合った内容の開発が遅れ、同種の古いメディアである映画のコンテンツをその内容としていたことから推測できる。さしずめ、電子書籍の内容がしばらくは紙の本であることと同じと理解してよいだろう。新しいメディアが、しばらくは古いメディアを内容にしながら、徐々にその内容を自らの形式に沿ったものに加工し直していく、という指摘は理解を超えるものではない。しかし、その前の一文は、少々理解に苦しむ。テレビと映画の関係が、新しい環境と古い環境の間にもある、とはどのような事態なのか。その他、引用からは、新しい環境が電子工学を、古い環境が機械工業を基調にすることとくらいしか分からない。

新しいメディアが古いメディアを作り変えていくダイナミズムがメディア環境の中で観察できることは理解できる。しかし、個々のメディア間と同じように、環境の間でも新しいものが古いものを作り変えるとは、どのような事態なのか。この疑問を解く鍵は、その独特な文化史観にある。マクルーハンは、三〇〇〇年に及ぶ西欧史上の節目に現在を位置づける。現在は、機械の時代に続く電気（電子）技術の時代である。[16] 現在と直近の機械の時代の二つの区分を手がかりに『グーテンベルクの銀河系』を併せ読むと、独特の文化史観の全貌が明らかになる。『グーテンベルクの銀河系』の最終章からは、機械の時代がグーテンベルクの印刷技術の発明で始まったこと、[17] 機械の時代に次ぐ電子技術の時代がマルコーニの電信技術の発明に始まることが読み取れる。[18] さらに、同書の序章には、文字の時代とそれに先立つ無文字の口承の時代があったことが書かれている。[19]

マクルーハンの文化史観をまとめると、西欧文明は、歴史的に三つの大きな発明、すなわちアルファベット、印刷技術、電信技術の発明を経験しており、この三つの発明を境界に置いて、都合四つの文化史的区分を抱えていることになる。古い順に並べると、口承の時代、文字（アルファベット）の時代、機械技術の時代、電子技術の時代ということになろう。

オルタナティヴの提出――マクルーハンの文化コード論

後述するように、現在を第三（あるいは第四）の節目と規定する文化史観は、実は珍しいものではない。マクルーハンの特異性はここから先の文化論にある。

まず、マクルーハンは、各文化を先導した三つの発明に特権的な地位を与え、発明を基準にして、雑種 hybrid として他のメディアに言及する。たとえば、映画は「古い機械技術と新しい電気技術との華々しい結婚の産物」（McLuhan 1964a: 284）ということになる。三つの発明には、新しい時代を拓き、新しい文化の最初に位置づけられるパイオニアの称号だけでなく、時代を統制し、次の発明が現れるまで続く王朝に君臨し続ける王の地位が与えられているのである。

機械工業を基調にする環境は印刷技術の発明に始まる機械技術の文化に、電子工学を基調にする環境は電信の発明に始まる電子技術の文化に、それぞれ読み替えられる。テレビと映画などの個々のメディア間と同じように、文化の間でも新しいものが古いものを作り変えていくのである。この文化間の時間軸に沿った作り変えの関係こそが、マクルーハンの文化論を特異なものにしている。

図3

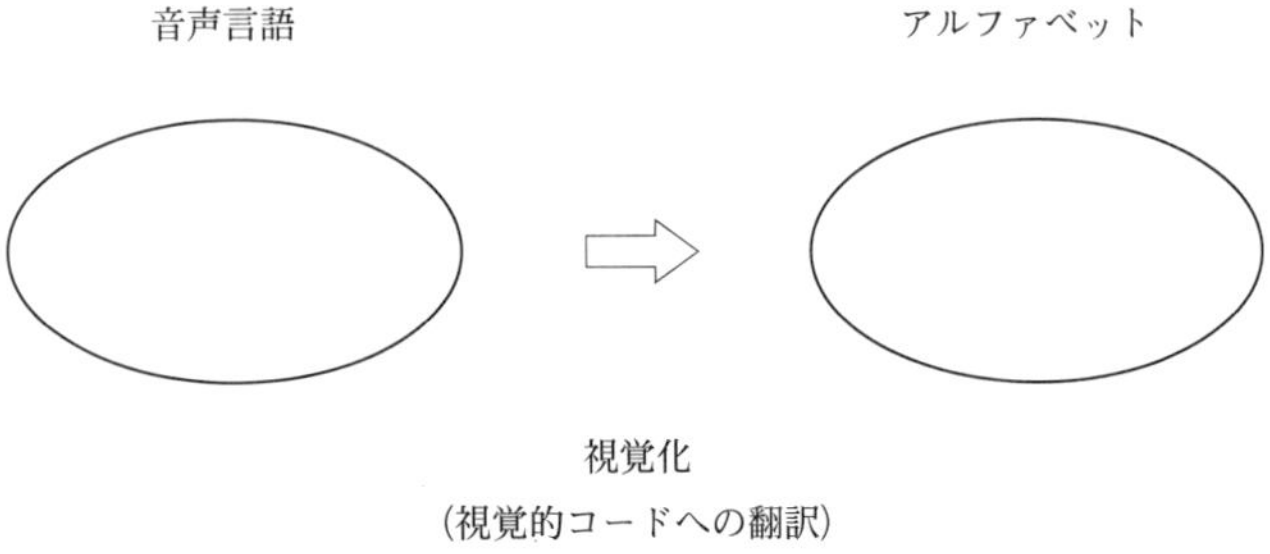

マクルーハンは、最初の発明のアルファベットに注目する。アルファベットには、話しことばを音素という断片的な視覚物に翻訳する特性がある。英語の場合、一般に、母音が二〇、子音が二四または二五の計四五程度の音素があると考えられている（ちなみに、現代日本語には母音が五、子音が一六あるとされる）。アルファベットの使用は、話しことばを音素に分解した後、二六文字の中から対応するものをあてがい目に見えるようにする手続きである。アルファベットの文字は、音素という音声上の単位に対応する一方、単独では特定の意味を持たない。一つ一つの文字が特定の意味を持つ表意文字との対照からは、音声の視覚化に特化した記号体系というアルファベットの特性が導き出せる。

マクルーハンは、音声を視覚的コード（記号体系）に移し替えるという特性から、新しい文化が古い文化をコード化する（あるコードを別のコードに移し替える）過程を着想した。アルファベットが話しことばをコード化するように、アルファベットの文化は、話しことばがコミュニケーションの中心の口承の文化をコード化する。人を基準に見ると、文字の発明により人間は、目の前の他

図4

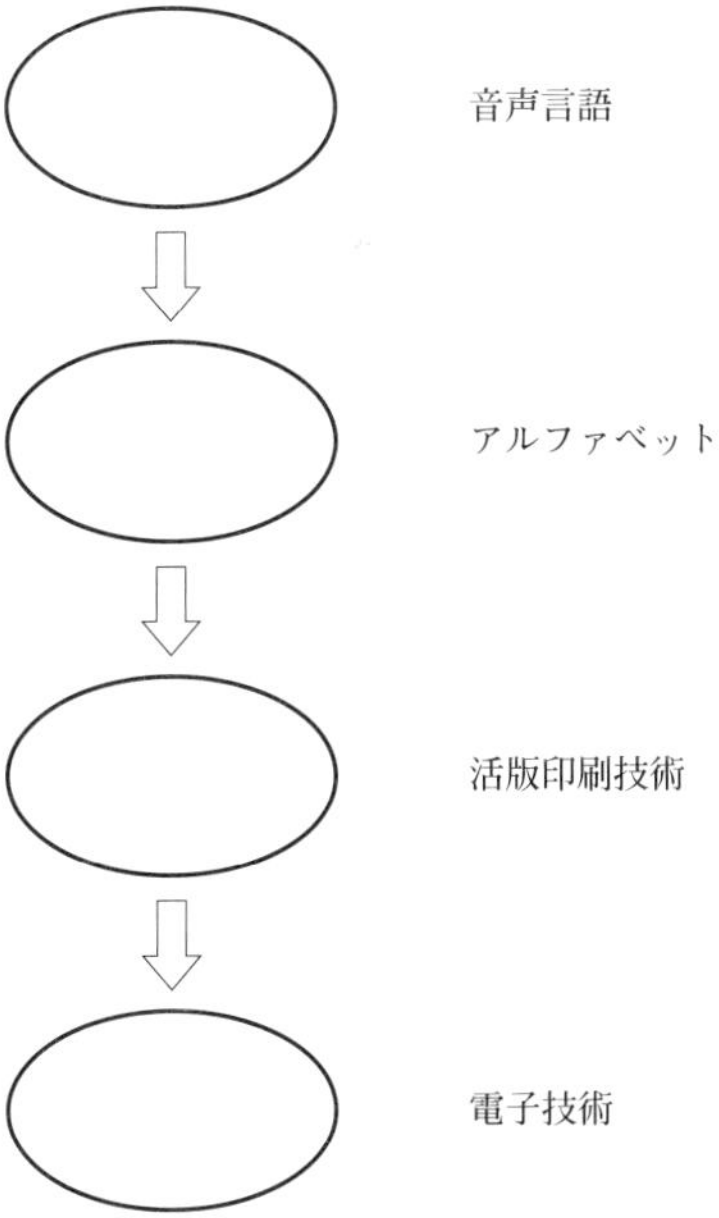

者との発話によるコミュニケーションを、現前しない他者との文字によるコミュニケーションに変化させていく。文字の使用に適応することで、人は、話しことばとはまったく違う文字に特有の習慣、すなわちリテラシー（読み書き能力）を身に付けていく。マクルーハンは、アルファベットのコード化の能力を後続の文化にも認めることで独自の文化コード論を構想したのである。

声の文化がアルファベットの文化にコード化されたように、アルファベットの文化は機械技術の文化にコード化され、機械技術の文化は、今、電子技術の文化にコード化されている。コード化の過程で人間に及ぼされる影響が「メディアのメッセージ」ということになるが、より正確には、新しい文化が古い文化をコード化するメディア環境を背景に個々のメディアが及ぼす影響が「メディアのメッセージ」ということになるだろう。

マクルーハンのコード文化論の特異性を整理すると、動的なコード概念と、それを通時的に使用している点があげられる。従来のコード概念は、時間的に安定した静的なものとして理解されてきた。日常の具体的な会話の背後にある抽象的な言語体系、あるいはメッセージをシグナルに変換し、再変換する符号化の体系を思い浮かべればよい。他方、マクルーハンのコード概念は、時間的とともに変容していく動的過程として理解しなければならない。

文化コード論の特異性は先行する文化論との比較でより鮮明になる。メディア研究、そしてマクルーハン自身の発達を追跡するためにも、試金石となるいくつかの議論を紹介し、その特異性を確認しておきたい。

L・マンフォードの文化論

文明史家のマンフォード（Mumford, L. 一八九五〜一九九〇年）は、初期の著作『技術と文明』（*Technics and Civilization*, 1934）一九三四年）の中で、紀元前一〇〇〇年から紀元後一七五〇年の間の水力を動力、木を原料にした「原始技術期」があり、それに、蒸気機関を動力、鉄を原料にした「旧技術期」、電力を動力、合金や軽金属を原料とする「新技術期」が続くとの歴史観に基づいて、文明を三つの時代に区分している。[20] 各々の時代は、エネルギー利用のための特殊な技術手段と独特の生産形式を有し、特有の労働者の型を発達させた。マンフォードは、この過程で、ある社会的な素質が拡大する一方、他の素質は縮小され、結果的に文化の型ができあがった、と考えた。[21]

技術が人間に影響を与え、文化の型を決定するという点は、マクルーハンの文化コード論と共通する。文化コード論を練り上げる過程でマクルーハンがマンフォードを参照した可能性は十分にある。実際、マンフォードの名は、『機械の花嫁』の段階で登場し、[22]『グーテンベルクの銀河系』では『棒と石』(*Sticks and Stones*, 1924) の一九三四年版が、『メディアの理解』では『技術と文明』の一九六三年版が文献表に記載されている。一つ一つの文化はまとまりのある技術の複合体であり、個々の技術の意味は全体の関係の中でのみ意味を持つ[23]というマンフォードの「場」の発想も、単数形のメディウムの意義が総体としてのメディアの中で決まると考えるマクルーハンに通じるものがある。

しかし、二人の文化論は、文化間の関係の捉え方で大きく異なる。マンフォードは、三つの文化史的区分を提出する際に、次のような留保をつけた。「過ぎ去った一千年の時間を回顧してみると、われわれは、機械の体系や機械文明を、連続してはいるが、相互に重なり合い、入り込んでいる三つの面に分けることができる」(Mumford 1934＝1942: 6)。それぞれの文化は、一つ一つまとまりを持ち、時系列で前後関係にあるものの、相互に重なり合い、入り込んでいる。マンフォードの場合、三つの区分は、一千年にわたる文化史全体の中の三局面、あるいは三色が交じり合うグラデーションと考える方が適当である。[24] これに対してマクルーハンは、それぞれの文化の間に明確な断絶を見ている。西欧史を三〇〇〇年という時間の単位で捉えてはいるものの、三つの時代という部分を通観する文化史の全体はない。文化間に共通の尺度はなく、それぞれの文化が独立しているため、個々のメディアの意味は文化毎に変わってくる。衣服、住宅、武器など、三つの文化を跨いで存続してきたメディアの意味も、文化毎にまったく違うのである。文化コード論におけるコードとしての文化は相互に共約不可能であり、文化間に相互の重なり合いも、入れ込みも認められない。文化が後にパラダイムと言い換えられていることも、[25] それを傍証する。

マクルーハンはマンフォードを参照しつつも独自の文化論を考案した、と考えるのが妥当だろう。

文化コード論前史——M・パリーの口承詩研究

『グーテンベルクの銀河系』の末尾が電子技術の時代を主題にする続編『メディアの理解』の予告で結ばれていたことはすでに書いた。翻って、『グーテンベルクの銀河系』の冒頭を見ると、ホメロス研究のパリー（Parry, M. 一九〇二～一九三五年）とロード（Lord, A. 一九一二～一九九一年）の名があがり、この本がロードの『物語の歌い手』（*The Singer of Tales*, 1960）の続編として書かれることが告知されている。[26]

二人の古典学者の研究は、ホメロス（Homer/Hómēros 紀元前九～八世紀頃）に代表される口承の物語詩の形式が、文字で記述されたその後の詩の形式と質的に異なることを証明しようというものだった。文字の時代に対置される声の時代の研究は、パリーによって一九三〇年代にほぼ完成していたが、ハーヴァード大学の助教授だった一九三五年に三三歳で早世したため、一時中断する。パリーの仕事は、彼の学生だったロードに継承され、一九六〇年の『物語の歌い手』に結実する。ロードはハーヴァード大学で教壇に立ちながらパリーの遺した音声資料の整理にあたり、同大ワイドナー記念図書館のミルマン・パリー・コレクション設立に尽力した。同コレクションに収められた資料は、現在、インターネット上で視聴できる。

パリーの学問的功績は、紀元前九世紀から八世紀に存在したとされるホメロスの『イーリアス』(*Iliad*)と『オデュッセイア』(*Odyssey*)を、口承の伝統の産物とする仮説を立てただけでなく、仮説を検証する際に、議論の焦点を詩歌の内容から詩歌が歌われる実際のプロセスに移行させたところにある。[27] パリーは、口承の詩歌に特有の形式があることを証明するために、一九三〇年当時のユーゴスラビアに残る英雄詩と、ホメロスの叙事詩を対照させる比較文学の手法を採用した。ロードは、文字以前の声の時代の物語詩の形式が、文字で記された物語詩の形式と異なるという仮説と、比較文学の手法の両方をパリーから受け継ぎ、口承詩に特有の「学習」「制作」「伝承」のプロセスを指摘することで、ホメロス研究に新地平を開いた。[28]

パリーの仕事の意味は、一九三〇年代のホメロス研究の状況を背景にしなければ理解できないだろう。当時のホメロス研究者たちは、『イーリアス』と『オデュッセイア』に登場するエピソード間の非一貫性、その叙事詩の尋常でない長さ、一人の人物(ホメロス)が数地域の方言や数世代の擬古体を駆使する事実に頭を悩ませていた。このような「ホメロスの謎」に対し、学界ではホメロスの詩を複数の作者の作品とする説が主流となり、ホメロスの存在自体を疑う説まで唱えられる有様だった。その結果、研究の労力は、ホメロスの詩を「異なる作者」毎に腑分けする作業や、「原型」となった詩を探す作業に注がれていた。(29) こうした学界の状況の中で、ロードの研究は、膨大な長さの詩歌を一つのテーマの下に歌い上げるには「原型」に捕らわれない臨機応変な形式が必要であり、そのためにエピソード間に非一貫性が生じたことを実証したのである。(30)

口承詩人たちは、いくつもの地域で何世代もの間、習慣的に開発されてきた「臨機応変」な形式を、聞き手のためではなく、もっぱら自分たちの便宜のために、(31)「学習」のプロセスで身につけた。そしてその形式を「制作」のプロセスで実現し、再びいくつもの地域にまたがり、何世代にも渡って「伝承」してきたのである。このような口承詩の伝統において最も偉大な詩人がホメロスだった。もちろん、ここで言う詩人は、物語詩の「作者」ではなく「歌い手」の一人を指す。(32)『物語の歌い手』というタイトルには、このような意味が込められている。

口承の時代とそれ以降の文字の時代では、詩歌の意味はまったく異なる。「ホメロスの謎」は、口承の時代の産物である『イーリアス』と『オデュッセイア』を、文字以降の時代の常識で理解しようとするところから生じた幻影だった。それは、口承の時代の常識で見れば、謎が謎でなくなり消えてしまうような幻影だったのである。

ホメロスの詩歌に対する鮮烈な解釈は、専門外のマクルーハンにも衝撃を与えたのだろう。三つの区分だけなら先行する研究にいくつもの範例があるが、『グーテンベルクの銀河系』が二人への最上級のオマージュで始まっていることからも衝撃の大きさが推測できる。

では、文化コード論は、パリーらの研究成果の焼き直しなのだろうか。確かにパリーとロードは、声の時代と文字の時代を区分している。また、詩歌の意味が時代によってまったく異なるという結論は、文化間でメディアの意味が共約不可能であることを示唆する。しかし、二人はともに、研究成果をホメロス研究の範囲に限定し、ホメロスの時代を「声の文化」、ホメロス以後の時代を「文字の文化」と呼ぶことには一貫して否定的だった。[33] 時代毎のメディアの意味の違いは、ホメロスの詩歌と現代の詩にのみ当てはまる。二人には、詩歌の研究をそれ以外のメディアに敷衍する構想も詩歌を他のメディアとの相互作用で説明する構想もなかった。二人は、自分たちの仕事が詩歌という単一のメディア（単数形のメディウム）の域を出ることに反対だったのである。

文字の発明が人間を中心にすればリテラシーの変化として捉えられることは、すでに書いた。確かに、リテラシーの変化から考案されたマクルーハンの文化コード論は、口承詩に特有の習慣を炙り出したパリーらの研究成果を出発点にしている。しかし、それを機械技術の時代に援用した時点で、パリーらとは別の道を歩み始めたと言える。文化コード論の形成に二人の古典学者の仕事が果たした役割は否定できない。しかし、文化コード論は、古典学者たちの仕事を参照しつつも、独自の方向に発達したと結論すべきである。

もう一つの文化コード論――E・ハヴロック『プラトン序説』

マクルーハン自身はパリーらの研究を詳説した箇所でも自らの研究との相違点には一切言及していない[34]。また、オングは、パリーとロードの仕事が、マクルーハン、さらにハヴロック（Havelock, E. 一九〇三～一九八八年）らに受け継がれ、補完されたと記している[35]。興味深いのは、ここでオングが名前をあげたハヴロックだけが、ホメロス研究の成果を文化論に敷衍するのに禁欲的なパリーらの姿勢を激しく批判している点である。ハヴロックとは何者なのか？

ハヴロックはロンドンで生まれ、スコットランドで育った。ケンブリッジ大学のエマニュエル・カレッジで古典研究の素養を身に付け、カナダのアカディア大学を経て、一九二九年にトロント大学に着任した。一九四七年にハーヴァード大学に移るので、一九四六年に着任したマクルーハンと同僚であった時間は、一年程度だったことになる。一九六三年には古典研究のスターリング・プロフェッサー兼古典学部長としてイェール大学に迎えられ、一九七一年まで同職にあった。

一九六三年、ハヴロックの名を古典研究の門外漢にも知らしめた『プラトン序説』（*Preface to Plato*）が公刊された。ハヴロックは、同書でプラトン（Plato/Platōn 紀元前四二七？～三四七年？）の『国家』（*Politeia*）における詩人追放の謎に挑み、プラトンとそれ以前の思想家の間にリテラシーの断絶があることを指摘した。そして、詩人追放とは、文字の普及によって訪れる新時代に相応しい教育、すなわちロゴスに基づく哲学によって理想の国家建設をめざしたプラトンが、口承に基づく古いリテラシーの担い手を駆逐する企てであったという解釈を示し、大論争を引き起こした。

ハヴロックが、パリーらがリテラシーと文化の相関に消極的だった点を批判していたことはすでに述べた。『プラトン序説』における議論を踏まえると、ハヴロックの批判は以下のようにまとめられる。まず、リテラシーの意味はそれが文化の中で占める地位の高低に左右されるのだから、リテラシーを文化と切り離して考えることはできない。さらに、リテラシーの意味が文化で占める地位によって決まる以上、ギリシャ文化で中心的な役割を果たしたリテラシーと二〇世紀初頭の旧ユーゴスラビア文化で周辺的な役割しか果たしていないリテラシーを同列に置くパリーらの比較文学の手法には問題がある。(36)

方法への批判はともかく、リテラシー間に位階があり、リテラシーの形成に発明が関与しているというハヴロックの前提は、三つの主要な発明を特定し、各発明の特性を反映したものとして三つの文化史的区分を立てたマクルーハンと類似する。

実は、数ある文化論の中でハヴロックのものだけがマクルーハンの文化コード論と真の意味で同型なのである。この同型性がどのように形成されたかは本書の論考では重要な問題ではない。問題は、二つの文化論が同型であり、同型であるために両者が同じ挫折を味わうことになったという事実にある。

マクルーハンの挫折――文化コード論のアポリア

マクルーハンの文化コード論には、次のような論理的特性があった。そもそもコードとしての文化は、新しい技術が古い技術を翻訳することで形成される。この翻訳作業は、さらに新しい発明が登場し、現在の技術が古いものになる瞬間まで続けられる。[37]ある文化の成立は、次の発明によって技術の範囲が画定されることを要件にするため、現在の文化はいつ終わるとも知れないコード化のプロセスそのものである。したがって、それをコードというかたちで表象することは、いかに経験的に説得力があろうとも、原理的、または論理的に不可能なのである。

また、たとえば、活版印刷を発明と認める根拠が活版印刷に始まり電信の発明に終わる機械技術の文化的特性にあるように、ある一つのメディアが発明と見做される根拠は前後の文化によって差異化される当該文化の特性に求められる。だとすれば、次の発明が登場しておらず、技術の範囲が画定できない現在は、文化としての要件を欠くだけでなく、技術を先導する発明を電信技術に特定する正当性も失うことになる。そして、もし現在の発明を電信と認められない場合、同時に、活版印刷が発明である根拠も失われる、という無限遡行に陥る。現在の発明の特定は、常に先取りにならざるをえないというアポリアを孕む。マクルーハンの文化コード論は、このような論理的特性を内在していたのである。[38]

昨今のマクルーハン研究の中には、このアポリアに光をあてる注目すべき指摘がある。門林岳史（一九七四年〜）は、『グーテンベルクの銀河系』で電気（電子）時代を束ねる発明に指名された電信の地位を、『メディアの理解』ではテレビが占めている点を指摘し、その原因を次のように分析する。「ここ（『メディアの理解』）でのマクルーハンのテーマは、グーテンベルクの銀河系に取って代わったマルコーニの銀河系について、それが社会に浸透していく歴史を前著（『グーテンベルクの銀河系』）と同じ手つきで描き出すことはできないのだ。書きつつあるマクルーハン自身がさらされている電気時代は、マクルーハンの論述にそのような距離を許さない」（門林 2009: 153–154）［（ ）内は筆者による補足］。『メディアの理解』で電信が発明の地位をテレビに譲ったように、『メディアの理解』の続編が書かれたとすれば、テレビはその地位を最新のメディアに譲らなければならないだろう。発明の地位とは、それ以前の発明の対照軸になりうるメディアによって常に更新され続けるものなのである。そして、メディアの最先端を記述する者は、静的な歴史的事実の記述には無縁の、動的な対象を補足することにともなう齟齬や矛盾の危険を引き受けなければならないのである。

門林の指摘は、進行中のコード化のプロセスを記述するときに直面する問題を的確に捉えているが、同じ問題を本書のように文化コード論の論理から説明することには、もう一つのメリットがある。それは、もう一方の先端、つまり最新ではなく、最古のメディアを考える場合にも同様の問題に直面することを論理的に説明できる点である。そして、この事実こそ、ハヴロックとマクルーハンの文化論が同型であることの証拠になるのである。

次の引用からは、ハヴロックがマクルーハンと同型の文化コード論を展開していたことが読み取れる。「プラトン序説が完成されるやいなや、今度は、〈ソクラテス以前の思想家たち〉とその祖形であるヘシオドスへの序説が書かれる必要がある」（Havelock 1963＝1997: 366）。ある文化コードの

図５

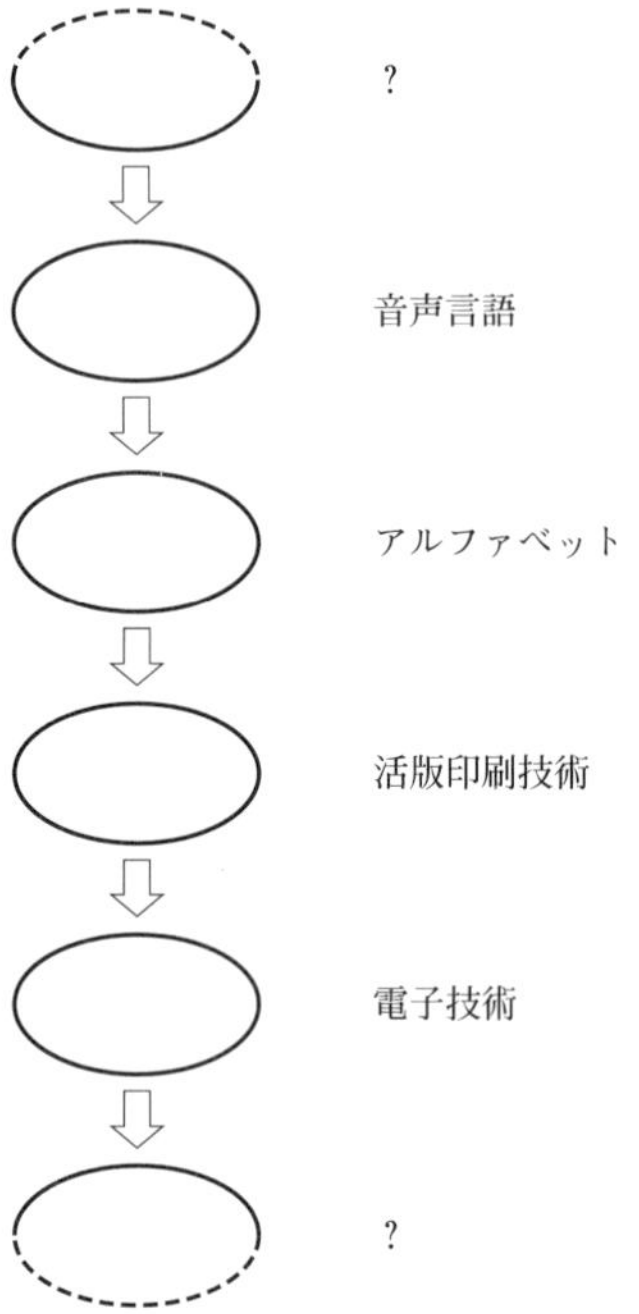

画定は、その前（後）のコードの画定に依存する。現在という時間軸の先端を文化コードで捉えようとしたマクルーハンと同じ論理で、もう一方の先端を文化コードで捉えようとしたハヴロックも無限遡行のアポリアを呼び込んでしまうのである。

コードとしての文化がパラダイムと言い換えられるようになることはすでに述べた。さらにマクルーハンは、パラダイムを後方に置けばハヴロックが『プラトン序説』で行ったような歴史研究になり、前方に置けばメディア研究という科学になる、とも記している。(39)この記述は、メディア研究が完成した一九七〇年以降も文化コード論が維持され続けたこと、および文化コード論と同型の論理がハヴロックの議論に見られることをマクルーハン自身が認識していたことを説明する。

オングは、ハヴロックやマクルーハンと同様に文化と文字の文化を対比させながらも、「こころと文化における非常に多くの変化が、声の文化から書くことへの移行と関連していることは、書くこと（そして／または、それに続く印刷技術）をそうしたすべての変化の唯一の原因とすることではない」（Ong 2002 (1982): 172）として、こころや文化の変化を特定のメディアの変化に還元することには否定的だった。文字や印刷技術に文化を統べる特権的地位を与えることに否定的だったオングの著作からは、当然、文化コード論を読み取ることができない。オングは、パリーとロードの仕事がマクルーハンとハヴロックによって補完されたと記した。しかし、パリーらが否定し、オングさえも否定した文化コード論を採用したことで、ハヴロックの研究は、パリーらの研究の補完物の範囲を逸脱したと見做すべきだろう。文化コード論を採用しなかったオングは、マクルーハンやハヴロックが経験した種類のアポリアを自覚しなかったために、パリーらの研究とハヴロックの研究の差異を過小評価してしまったといえる(40)。ともあれ、オングとの対照も、ハヴロックとマクルーハンの文化論の同型性の傍証になるだろう(41)。

二つの文化論は同型である。そして、同型であるために両者は、深刻さこそ違え、同じアポリアを抱え込み、同じ挫折を味わうことになったのである。

『メディアの理解』にはアポリアへの解答は見られない。しかし、旋風が吹き荒れる中、マクルーハンは一九六〇年代を通して冷静にこの難問に取り組んでいた。そして一九七〇年初頭、ようやく「探索の原理」という解答を出した。

アポリアへの解答は本書の第Ⅱ部で詳説する。第Ⅰ部では、解答につながるアイディアが『メディアの理解』にしっかりと示されていたこと、つまり、マクルーハンがこのアポリアの存在をはっきり自覚し、その克服に真摯に取り組んでいた事実を確認しておきたい。咲き誇る花ばかりに目を奪われず、その花が将来の実りを準備している様子にも目を向けてもらいたい。

註

（1）McLuhan（1964a: 242）
（2）McLuhan（1964a: 267）。同様の記述は、晩年の著書でも繰り返された。たとえば、McLuhan, M. & McLuhan, E.（1988: 86–91）; McLuhan & Powers（1989: 75–76）。
（3）Shannon & Weaver（1949: 5）
（4）Shannon & Weaver（1949: 3）
（5）Shannon & Weaver（1949: 99）
（6）「メディアはメッセージ」登場の思想的背景については、別項（柴田　1998）で論じた。
（7）Shannon & Weaver（1949: 116）
（8）ハイムズ（Heims 1991＝2001: 396）を参照した。
（9）Jakobson（1960a: 353, 357）

(10) Jakobson（1960a: 356）
(11) Jakobson（1960b: 495–496）
(12) コンテクストに対応する関説的機能とは、従来、関説される第三人称をあらわすものだった（Jakobson 1960a: 355）。つまり、ヤコブソンのモデルのコンテクストとは、文脈的（contextual）意味と関説（事）物（referent）の双方を含む概念である。ハイムズ（Hymes, D.H.）は、その点を指摘し、コンテクストを、場面（situation）と話題内容（topic）に分割することで、ヤコブソンのモデルを修正した。ハイムズのモデルについては、池上嘉彦（一九三四年〜）の解説（池上 1992: 182）に詳しい。尚、シャノンとヤコブソンのモデルの同質性を強調する筆者の理解についてその問題点を指摘する声が斯界からあった。ご指摘に感謝するとともに、マクルーハンとヤコブソンの詩論を比較した別稿（柴田 2014b）を記したので、修正箇所の確認を含め、一読されたい。
(13) たとえば、アタリ（Attali, J. 一九四三年〜）の論考（Attali 1977＝1995）があげられる。
(14) 新しい理論の構想は、後期の著作（McLuhan & Nevitt 1972: 141）でも明言されている。
(15) 第三版の序文を参照した。一九九七年のMIT Press版からは削除されたが、ゴードン（Gordon, T. 一九四二年〜）が編集した二〇〇三年のGingko Press版では、初版の序文とともに第二版の序文として再掲されている（McLuhan 2003: 13）。
(16) McLuhan（1964a: 3）. マクルーハンは電気 electric と電子 electronic をほぼ同義に使用している。本書では、以下、文脈に合わせ単記と併記を適宜使い分ける。
(17) McLuhan（1997（1962）: 276）
(18) McLuhan（1997（1962）: 268）
(19) また、マクルーハンは次のようにも言っている。「もし『話しことばの内容は何か』と問われたならば、『それ自体は非言語的な、実際の思考過程』と答えざるをえない」（McLuhan 1964a: 8）。この記述から、最も原初的な「発明」は「話しことば」ということになるが、話しことばが西欧に特有の「発明」ではないところから話しことばを含めた四つの区分を立てなかったのだと考えられる。

(20) Mumford (1934＝1942: 6). 同書の冒頭には、三つの区分が、ゲデス (Geddes, P. 一八五四～一九三二年) による二つの区分を参考にしたものであることが記されている。

(21) 三木清 (一八九七～一九四五年) にも類似の発想が見られる (三木 1967: 260–261)。

(22) McLuhan (1967 (1951): 33–34)

(23) Mumford (1934＝1942: 6)

(24) マンフォードは、第二次世界大戦を境に現代を西洋文明史に位置づける作業を止め、同時に三つの文化史的区分の枠組みも放棄した。マンフォードは、それまでの研究に見切りをつけたきっかけを次のように語った。「一方には原子爆弾のように極度に精緻な科学と技術があり、他方には、敵を征服するためではなしに無防備の民衆を手当たり次第に皆殺しにするためにその爆弾を使うというような道徳的低落が存在する」(Mumford 1952＝1970: 10)。そして新しい研究主題と解決への道筋についてこう主張した。「今日の大きな問題は現代人の均衡と全体性を回復すること、すなわち機械の救われない連累者となりその犠牲者とならずに、自らのつくりだした機械を支配する能力を現代人に与えること」(Mumford 1952＝1970: 10–11)。「救いの道は、人間個性を機械に実用的に適応させることにあるのではなくて、機械はそれ自身、生活の秩序と組織の必要から生れた産物でありますから、機械を人間個性に再適応させることにあるのです」(Mumford 1952＝1970: 15)。主題の転回を経た後の『機械の神話』(*The Myth of the Machine*, 1967) では参考文献にマクルーハンの『グーテンベルクの銀河系』をあげ、次のように寸評している。「最も飛躍した最も疑わしい所でも、幸いにも刺激を与えてくれる」(Mumford 1967＝1971: xv)。他方、ヤングの『人間はどこまで機械か』(*Doubt and Certainty in Science*) については「最近の科学的資料——問題のあるガリレオ的な『客観性』

と、表現機能を知らない不適当な伝達理論によって害されている」(Mumford 1967＝1971: xxv) と、厳しい評価を与えた。ヤングの理論はマクルーハンが身体論を形成する際に重要な役割を果したのだが、この点は後述する。

(25) McLuhan & Watson (1970: 54); McLuhan & Nevitt (1972: 122)
(26) McLuhan (1997 (1962): 1)
(27) Lord (2000 (1960): viii)
(28) Lord (2000 (1960): 3–5)
(29) Lord (2000 (1960): 8)
(30) Lord (2000 (1960): 95)
(31) Lord (2000 (1960): 65)
(32) では、一体誰がホメロスの詩を書き留めたのだろうか。ロードは、紀元前7世紀以前の古代ギリシャにその人物が存在したという仮説を立てた (Lord 2000 (1960): 156)。
(33) Lord (2000 (1960): xxiii)
(34) McLuhan (1964b: 239)
(35) Ong (2002 (1982): 6)
(36) Havelock (1963＝1997: 113–116)
(37) McLuhan (1964a: 174)
(38) コード論に内在するアポリアについては、別稿 (柴田 1999) で論じた。
(39) McLuhan & Nevitt (1972: 15)
(40) たとえば、Ong (1955: 95–100)。他方、『声の文化と文字の文化』には「パラダイム」(Ong 2002 (1982): 9) の語が見られる。文字を前提にした「文学」という芸術形式を口承の時代にあててはめた「口承文学」という用語の矛盾を指摘している点（Ong 2002（1982）: 10–15）からも、オングも文化間の共約不可能性については理解していたと考えられる。

（41）　マクルーハンとハヴロックを比較した箇所については別稿（柴田　2010）をもとに加筆、修正した。

第2章　「メディアは身体のエクステンション」の構想

マクルーハンのメディア研究は、文化コード論に内在するアポリアを積極的に引き受け、それに解答する過程で独自の発達を遂げて行く。その発達過程を追跡する手がかりが、エクステンションという概念である。

この章では、まず、エクステンションという概念をめぐってマクルーハンとホールらの間で繰り広げられた先取権論争を紹介したい。論争がホールらに有利なかたちで収束してしまったため、この論争の意味はこれまでそれほど重視されてこなかった。しかし、盟友のホールと争いを辞さなかったという事実こそ、マクルーハンにとってのこの概念の重要性を物語っている。

序章で書いたように、エクステンションには三つの意味がある。論争の概要を紹介した後、エクステンションが三つの意味に分節できる根拠を示す。この箇所は、科学哲学の坂本賢三（一九三一～一九九一年）の仕事に追うところが大きい。とはいえ、坂本は、三つの意味を分節する根拠は明確にしなかった。マクルーハンを正確に理解するためにも、また氏の仕事を補完するためにも、三つに分節できるこの概念が、別々の論理を持ち、かつ別々の出自を持つことを論証する。以上の考察をもとに、後半ではいよいよメディア研究の理論を取り出す作業に着手する。三つのエクステンションは、三つの身体論を基礎になっている。

本章の最後では、三つの身体論と「メディアはメッセージ」がつくる集合体を提示できるだろう。繰り返しになるが、この集合体自体はメディア研究の果実ではない。しかし、果実の実りを予告し、かつ論争を正しく裁定する証拠になるはずである。

エクステンションの先取権論争

論争の当事者の一人になったホールは、パーソナルスペースの文化間、およびジェンダー間の差異に関する仕事を中心に、コミュニケーション研究の分野に大きな足跡を残した人類学者である。(1)一九四二年にコロンビア大学で博士号を取得し、第二次世界大戦後はデンバー大学を皮切りに、イリノイ工科大学、ノースウェスタン大学の教授を歴任した。マクルーハンよりかなり長生きしたものの生まれた年は近く、また、大きな著作の発表時期すなわち、一九五九年の『沈黙のことば』（*The Silent Language*）、一九六六年の『かくれた次元』（*The Hidden Dimension*）、一九七六年の

『文化を超えて』(*Beyond Culture*) から判断しても、マクルーハンの同時代人と考えてよい。ホールは、一九五〇年から一九五五年にかけての一時期、国務省の外交研究所に勤務しているが、ちょうどこの時期に、『探究』第三号(一九五四年)に「文化とコミュニケーション」の共著論文を寄稿している。文化研究の側面を持つマクルーハンのメディア研究の発達過程を考察する上で、興味深い人物であることは間違いない。

『グーテンベルクの銀河系』の公刊を機に、両者の間にエクステンションの先取権争いが勃発する。まず、問題になった箇所を見てみよう。『グーテンベルクの銀河系』の序章には、エクステンションを含む引用があり、それが『沈黙のことば』からのものであることが明記されている。(2) 十行に渡るかなりの分量の(とはいっても、マクルーハンの本ではさほど珍しくない量の)引用の要諦をなす箇所には、確かにエクステンションの語が含まれている。すなわち、「すべての人工物 man-made material things は、かつて人間が身体、または身体の特定の箇所を使って行っていたことの extensions と見做せる」(McLuhan 1997 (1962): 4)。ホールによれば、道具をつくる動物である人間は、身体のある部分を extend して、本来身体が行うべき仕事を人工物に代行させてきた。たとえば、今日の発達した輸送網は、かつてわれわれが足と背で行っていたことのエクステンションということになる。この意味で、すべての人工物は人間の「身体のエクステンション (extensions of the body)」であることを、ホールは明言している。

マクルーハンがエクステンションの語を使用するにあたってホールの著作を参照したのは間違い

ない。また、マクルーハンの記述からホールと同じ用法のエクステンションを見つけ出すこともできる(3)。その一方で、『グーテンベルクの銀河系』を読み進めると、マクルーハンの用法とホールのそれとに微妙な差異があるのを感じるのも事実である。たとえば、ホールが人工物を物質的なものに限定したのに対し、マクルーハンは、件の引用のすぐ後で、言語や発話などの非物質的なものもエクステンションに含まれるとことわっている。すなわち、エクステンションは「感覚の外化 outering、あるいは、ことばに表出されたもの uttering」（McLuhan 1997（1962）: 5）である。また、「externalization」（McLuhan 1997（1962）: 265）への明確な言い換えも、『沈黙のことば』には見られない。

両者の論争は、正確には『グーテンベルクの銀河系』の公刊（一九六二年六月）以前に始まっていた。一九六二年二月二七日づけの書簡で、マクルーハンはホールについて次のように言及している。「彼（ホール）は、技術は感覚と機能の外化 outerings だという着想をバックミンスター・フラーから得たと言っているが、私のアイディアは誰からのものでもない。しかし今や、これがウイリアム・ブレイクの核心をなすことに気付いた」（Molinaro et al. eds. 1987: 355）。

事実、『グーテンベルクの銀河系』には、「ブレイクは、感覚比率が変化するとき、人間も変化するということを極めて明確にした。感覚比率は、どれか一つの感覚、あるいは身体的、精神的機能が技術というかたちで外化 externalized されるときに変化する」（McLuhan 1997（1962）: 265）という記述がある。また、一九七二年の著作では、「人間の体は、発明の雑誌である。この世のすべての道具と機関は、四肢と感覚の extension にすぎない」(McLuhan 1972: 86) と述べ、そのような発想の嚆矢としてエマーソン (Emerson, R.W. 一八〇三～一八八二年) の名前をあげている[4]。さらに最晩年の著作では、『グーテンベルクの銀河系』でのホールを引用した箇所をそのまま転載しながら、脚注に一文を書き加え[5]、自らのエクステンションがホールのものでも、フラー (Fuller, R.B. 一八九五～一九八三年) のものでもないことに念を押している[6]。マクルーハンの加筆を目にしたホールは、すぐさま自著の中でマクルーハンを名指し、エクステンションの先取権が自分にあることを主張した[7]。公刊の前年にホールからその組見本を受け取ったマクルーハンは、不快感を露にした書簡(一九七五年一二月八日)をホールに書き送り[8]、ついに両者の間でこの論争は決着しなかった。

両者の間で論争に決着がつかなかったにもかかわらず、マクルーハン研究者の間ではホールが唱えたフラー起源説が次第に有力になっていった。一九六三年以降のマクルーハン研究を集めた『マクルーハン――賛成と反対』(*McLuhan : Pro and Con*, 1968) には編者による「現在までの伝記」(一九六七年) があり、そこではホールの主張が全面的に支持され、マクルーハンのエクステンションがフラーからの借用であると明記されるに至る[9]。以後、エクステンションの語は、マクルーハンの無断引用に対する批判を中心に[10]、反対論者たちの格好の攻撃目標になったのである。

一九六六年一一月七日に『バイオフィリスト』(*Biophilist*) 誌の編集者に宛てた手紙の中で、フラー自身がこの問題に触れている。「マクルーハンと知り合って五年になる。彼は、Mechanical と Extensions of Man という私の概念とフレーズを使ったことを認めている。これらは、一九三八年出版の『月への九つの鎖』の序文に書いた『予言』と同書に収められたいくつかの図表によって初めて公になり、一九四〇年には『産業化の叙事詩』に再録された。私はこれらの現象を科学者の立場で語り、マクルーハンは文学教授の立場で説明する。彼には該博な知識と鋭い洞察力がある」(Molinaro et. al. eds. 1987: 308)。「私は彼のことが好きで、一個人として尊敬しているし、私の仕事に示してくれる敬意と友情に感謝している」(Molinaro et. al. eds. 1987: 308)。マクルーハンとフラーの間には、一九六三年の第一回デロス・セミナー[11]で初めて面会して以来交流があった。上記の書簡からは、対立よりも二人の関係の親密ささえうかがわれる。[12]書簡が醸す親密さに加え、マクルーハンによる反論が残されていないことも、マクルーハンを弁護する舌鋒を鈍らせるのに十分だったのだろう。

マクルーハンの死後、彼の共同研究者や弟子たちも、ホールとの「和解」に動く。一九七二年に『今をつかめ』(*Take Today*) をマクルーハンと共著したネヴィット (Nevitt, B.) は、一九九四年、マクルーハンの実弟のモーリスとともに、マクルーハンの足跡を振り返る『マクルーハンとは何者だったのか?』(*Who was Marshall McLuhan?*) を編集した。同書は、マクルーハン自身の文章を交えながら、複数の書き手がマクルーハンに関する重要項目を執筆するという体裁を取る。件の論争も取り上げられたが、執筆者にはホールが指名され、ホールの口から論争が総括されることになった。「マーシャルは早い時期から二つのプロセスと格闘していた。彼はそれらを innering と outering と呼んでいた。悩みの種は、このメタファーが人々に理解されにくいことだった。私の

『沈黙のことば』を読んだ彼は、inneringとouteringのプロセスを表現できて、なおかつ一般人にも理解しやすくするヒントを得た」(Hall 1994: 149)。「マーシャルがそう言わなかったものだから、彼がextensionsについて私と私の本から『学んだ』と言う人はもういないだろう」(Hall 1994: 149)。「私たちはそれぞれの問題にそれぞれのやり方で取り組んだが、それでもやはりお互いに刺激を与えあった」(Hall 1994: 150)。『探究』の創刊に携わって以来、マクルーハンと数々の共同研究を行ったカーペンターも、その後、シール(Theall, D. 一九二八〜二〇〇八年)の『ヴァーチャルなマクルーハン』(*The Virtual Marshall McLuhan*, 2001)に寄稿した補遺で次のように書き、ホールの総括を追認した。「マーシャルがextensions of manの語を借用した人物であるエドワード・ホールは、自分自身がこの語をバックミンスター・フラーから借りたことに言及した上で、こう付け加えた。『私たちは皆、お互いに影響を与え合った』」(Carpenter 2001: 256)。こうして、マクルーハンのあずかり知らぬところで論争に幕が引かれた。

フラーが書いたように、マクルーハンがフラーの著書からエクステンションにまつわる着想を得たのは事実だろう。また、ホールが書いたように、論争以後も三人の交流が続き、お互いに刺激を与えあったのも事実だろう。しかし、それでもなお、最後までマクルーハンがエクステンションの先取権にこだわり続けたのも事実である。

結論を言うと、論争の焦点になっているマクルーハンのエクステンションは、ホールのそれとはまったく別の概念である。より正確に言えば、マクルーハンの理論は、ホールが使ったものを含めて三つの異なるエクステンションで構築されており、理論の構築過程でホールのエクステンションが果たした役割は、他の二つに比べてさほど大きくない。他方、フラーの概念は、確かに理論の構築で重要な役割を果たしたものの一つに違いないが、概念に対する理解の深さの点で、両者には大きな隔たりがある。フラーを参照したのが事実だとしても、フラーの理解にとどまる限り、マクルーハンは理論を構築できなかっただろう。また、フラー起源説を信じる限り、マクルーハンの読者はその理論の概要を理解できないだろう。マクルーハンの概念は、フラーからの借用物ではなく、フラーを包摂するより大きな思想の流れに投錨することで得られたものなのである。マクルーハンの理解の深さを考慮すれば、フラーを経由したかどうかさえ疑わしい。

マクルーハンの理論は三つの異なるエクステンションで構築されている。エクステンションを三つに分節する根拠を示すためにも、それぞれの概念について、起源から現在に至る系譜を確認する必要があるだろう。以下、ホールの概念を皮切りに、順に三つの系譜について考察する。この手続きにより、一方で、先取権争いの不毛さが明らかになるだろう。三つの概念のどれも三人のオリジナルではない。他方、マクルーハンの理論が、三つの概念を集合して一つの理論を構築した点で、極めてオリジナリティーの高いものであることも明らかになるだろう。

「拡張」の系譜

ホールのエクステンションは、道具が人間の身体に備わった機能を「代行」し（substitute）、

「拡張」する（extend）ことに重点が置かれていた。この内包を持つエクステンションを、以下、「拡張」と表記しよう。

拡張の議論は、実は、ホールらの時代にはさほど珍しいものではなかった。当時はコンピューターという新技術が社会に導入され始めた時期であり、コンピューターの未来を占う技術論には、拡張の概念が頻出した。

一九四〇年代にマイクロ波とミサイル技術の開発に能力を発揮したラモ（Ramo, S. 一九一三〜二〇一六年）は、戦後、アイゼンハワー政府の招請で大陸間弾道ミサイル（ICBM）開発のチーフサイエンティストの要職にいた。この経歴からICBMの父として知られているが、ほぼ同時期に、草創期にあったコンピューター技術の利用法についても数々の論文を発表し、コンピューター開発を主導した一人でもあった。[13] ラモは、拡張の概念を使用して、コンピューターの未来を構想した。

一九六五年の論文「知的道具としてのコンピューター」には、「機械、そして情報処理における人間と機械のパートナーシップによる人間の知性の大規模な拡張は、今世紀（二〇世紀）の主要な技術的進歩になるだろう」（Ramo 1969 (1965): 47）という予測とともに、本、ノート、計算尺やレジスターが人間の脳の拡張物 extensions であるのと同じく、諸々の電子システムは人間の脳のより広範な拡張物である、という拡張の道具観が見られる。[14]

一九六三年の論文「システム工学の本質」では、さらに明快に拡張の原理が記述されている。「私たちは長い間、筋肉の機械による拡張と置き換え replacement を経験してきた。そして今日、機械の方が人間よりうまく遂行する機能を取捨選択するのがよい工学技術の条件である」(Ramo 1969 (1963): 376)。これまで人間は、筋肉を使う仕事を機械に置き換える(代行させる)ことで筋肉の機能を拡張してきた。それは、機械の力が人間の筋力を凌駕するからである。ラモはこの発想を敷衍し、コンピューターが発達しつつあった時代に、脳と感覚を使う仕事を機械に置き換える方法を模索した。

「人間と機械のパートナーシップ」は機能の置き換えによる分業を指す。人間とコンピューターの関係もその例外ではない。一九六〇年代をはさんだ「人間の知性の大規模な拡張」のプロジェクトは、単調な知的活動をコンピューターに任せ、人間はより創造的な知的活動に従事するというものだった。(15)

コンピューターで人間の知性を拡張するという発想の嚆矢は、ブッシュ(Bush, V. 一八九〇〜一九七四年)の知性増幅機械(IA :Intelligence Amplifier)のアイディアに求められる。ブッシュは、一九四五年に発表の論文「われらが思考するごとく」で、記憶拡張装置(memex :memory extender)の構想を開示している。(16) ブッシュとラモに触発されてH—LAM/Tシステムの概念フレームを提出したエンゲルバート(Engelbart, D. C. 一九二五〜二〇一三年)は、一九六三年に「人間の知性を増大するための概念フレームワーク」("A conceptual framework for the augmentation of man's intellect")と題した論文を発表した。エンゲルバートが、マウスの発明者として歴史に名を刻むその人物であることは言うまでもない。

ブッシュ、ラモ、エンゲルバートのいずれもが、拡張の概念を用い、人間の知性の「拡張 extend」、「増大 augment」、「増幅 amplify」、「増強 enhance」の装置としてコンピューターを規定したのである。

「拡張」は、一九二〇年代に唯物論から科学技術の未来を予測したバナール（Bernal, J.D. 一九〇一～一九七一年）の著作にも現れる。(17) また、二〇世紀初頭に活躍したヴェント（Wendt, U.）の技術哲学も、粗野で単調な労働を機械に「代行」させ、「代行」で生じた人間の余力をより思惟的で精神的な活動に振り分けることで労働力全体の量と質が拡張するという論理で成り立っている。(18)

「拡張」の起源探しは、最終的にプラトンにたどり着く。『パイドロス』（*Phaedrus*）には、エジプトの発明神テウト（トト）がエジプト王タモスに知恵と記憶力を高めるものとして文字を披露する説話がある。タモスは、「書いたものを信頼して、ものを思い出すのに、自分以外のものに彫りつけられたしるしによって外から思い出すようになり、自分で自分の力によって内から思い出すことをしないようになるから」、また、その場合の「知恵は、知恵の外見であって、真実の知恵ではない」から、文字にはテウトの言うのとは逆の影響があると反論する。(19) この説話も、道具が人間の機能（知恵と記憶力）を「代行」し、その結果、本来の機能が拡張（あるいは逆に縮小）するという二点が主題になっている。

現代に目を転じると、サイバネティクス学者のウォーリック（Warwick, K. 一九五四年～）が『私はサイボーグ』（*I, Cyborg*, 2002）で展開したサイボーグ論でも「拡張」が中心的な役割を果たしている。[20] また、生命倫理学のいわゆるエンハンスメント論争も、基本的にこの系譜の問題系の中で展開している。

プラトン以来、拡張の概念に定位した思想家たちは、道具や機械、あるいは技術が人間の機能を代行し、置き換えることで機能が増すという共通の論理的構図で思考してきた。ホールのエクステンションはこの系譜に属する。

確かに、『グーテンベルクの銀河系』には、ホールから引用した箇所はもとより、それ以外にも、「拡張」で意味が通る箇所が散見される。とはいえ、「拡張」の起源と目される『パイドロス』が、『グーテンベルクの銀河系』では別の議論のために引用されている。『パイドロス』のタモスとテウトの説話は、拡張の如何ではなく、マクルーハンがエクステンションの出典に名指したブレイクの引用にあった「感覚比率」の議論のために引用されているのである。[21]

『グーテンベルクの銀河系』でパイドロスの説話は、「文字のようなメディアの内化 interiorization は、私たちの感覚比率を変化させ、精神過程を変えるだろうか?」と題した節で引用されている。マクルーハンによれば、件の説話は、非文字文化と文字文化の対照を描き出した点は評価できるとしても、文字=アルファベットがギリシャ人の感覚をいかに変えたかに気付いていない点で不十分である。他方、マクルーハンがエクステンションの出典にあげたブレイクは、「感覚比率」の変化を明確にした先例として評価されていた。エクステンションにまつわるマクルーハンの議論の焦点は、一貫して、ある文化に導入された技術が文化内の人びとの五感の感覚比率を変えるメカニズムの解明にあったことが分かる。

『パイドロス』は、マクルーハンの思想の発達という観点からも重要な意味を持つ。一九五四年に書かれたエッセイは、『パイドロス』に言及し、プラトンを次のように評している。「その（『パイドロス』の）中で、プラトンは筆記の新しい登場は激しいいきおいで文化を悪い方向へ追いやるだろうとのべている。新しい筆記が、追憶をもって思想と機械的学習、生きた探索である正しい弁証法、説話と対話による真実にとってかわるだろう、とプラトンは示唆している」（McLuhan 1954＝1969: 130–131）。一九五四年の段階で、非文字文化と文字文化を対置した点で評価されていたプラトンは、『グーテンベルクの銀河系』に至り、新しいメディアを使う者の感覚比率の変化という視点を欠くことを理由に槍玉に上がるのである。このプラトン解釈の変化は、この間、マクルーハンが、感覚比率の変化によってメディアの意義を把握する視点を獲得したことを物語る。そして、『パイドロス』の受容が一貫して「拡張」の受容と無縁だったことも物語る。

マクルーハンにとっては、メディアの「内化」が引き起こす感覚比率の変化の方が「拡張」の議論よりも重要だった。文化コード論のアポリアに直面したマクルーハンは、先験的に拡張や縮小を論じる不毛さと、拡張や縮小を測る根拠の必要を自覚したのだろう。ともあれ、「内化」からは、私たちの感覚比率を否応なく変えるメディアの暴力的な側面が垣間見える。ここで、マクルーハンがエクステンションの出典にあげたブレイクの引用をもう一度見てみよう。「ブレイクは、感覚比率が変化するとき人間も変化するということを極めて明確にした。感覚比率は、どれか一つの感覚、あるいは身体的、精神的機能が技術というかたちで外化 externalized されるときに変化する」(McLuhan 1997 (1962): 265)。まず、マクルーハンの言うエクステンションが externalization と同義であることは問題ない。では、感覚比率は、「内化」によって変化するのだろうか、それとも「外化」によって変化するのだろうか。「感覚比率」の変化でつながっていたはずの説話の議論とブレイクの引用は、「内化」と「外化」で分裂しているのである。

この分裂の意味を理解するためにも、次に「外化」について詳しく見ていこう。

「外化」の系譜

「外化」に相当するエクステンションの起源をたどると、まず、射影幾何学をヒントに器官射影 Organprojektion の概念を提唱したカップ (Kapp, E. 一八〇八〜一八九六年) の技術哲学に突き当たる[22]。

現在の独バイエルン州で生まれたカップは、一八二八年にボン大学で博士号を取得した後、教職に就いたが、当時のプロシア政府の官僚体制に反対して民主化を要求した廉で投獄の憂き目に遭う。これを機に、理想の共同体建設を夢見て一八四九年にアメリカのテキサス南西部に移住した。アメリカでは、共同体での農業、大工仕事、水治療法施設の運営をこなす一方、スミソニアン協会に奉職し、実用品と道具についての一般理論をまとめる仕事に取り組んだ。結局、カップの共同体建設計画はアメリカでも実現しなかったが、ドイツ帰国後の一八七七年、『技術の哲学』(*Grundlinien*

を著し、そこで展開した器官射影説でヨーロッパの技術哲学に一石を投じた。

カップの器官射影説は、人体の諸器官と外界に存在する道具が形態、機構の点で類似性を持っていることを出発点にする。道具は人体を意識的に模倣してつくられたのではなく、無意識的に体内の機構を射影（「内なるものを外へ投げ出す、前の方へと投げ出す、前方へすえる、外へうつす das Vor-oder Hervorwerfen, Hervorstellen, Hinausversetzen und eines Innerlichen ins Äussere」(Kapp 1877: 29-30)）してつくられてきた。だとすれば、道具を検証すれば体の内部機構を明らかにできるのではないか、とカップは考えた。「『視覚器官がひとそろいの力学的仕掛でもって射影を実現し、そしてそれの解剖学的構造に戻してみた関係を知らせてくれるようになってきてはじめて、視覚器官の生理学的謎が解かれることができたのである。人間は、無意識的に生理的な視覚器官にならって形づくった器械から、こんどは意識的なやり方で眼の中にある光線屈折のもともとの発生点へ、つまり『水晶体』へと、名まえを移したのである』」(Kapp 1877: 79)[24]。カップの発言からは、図6の図式が抽出できる。

当初、身体内部はブラックボックスの状態にある。身体を持つ人間は、無意識に身体の構造に倣って器機類を発明する（1の過程）。器機類は身体の機構を無意識に外化したものだが、それを意識的に身体に差し戻すことで、ブラックボックスだった身体内部の機構が解明できる（2の過程）。

さて、この外化の起源探しも百家争鳴の感がある。三枝博音（一八九二～一九六三年）は、器官

図6

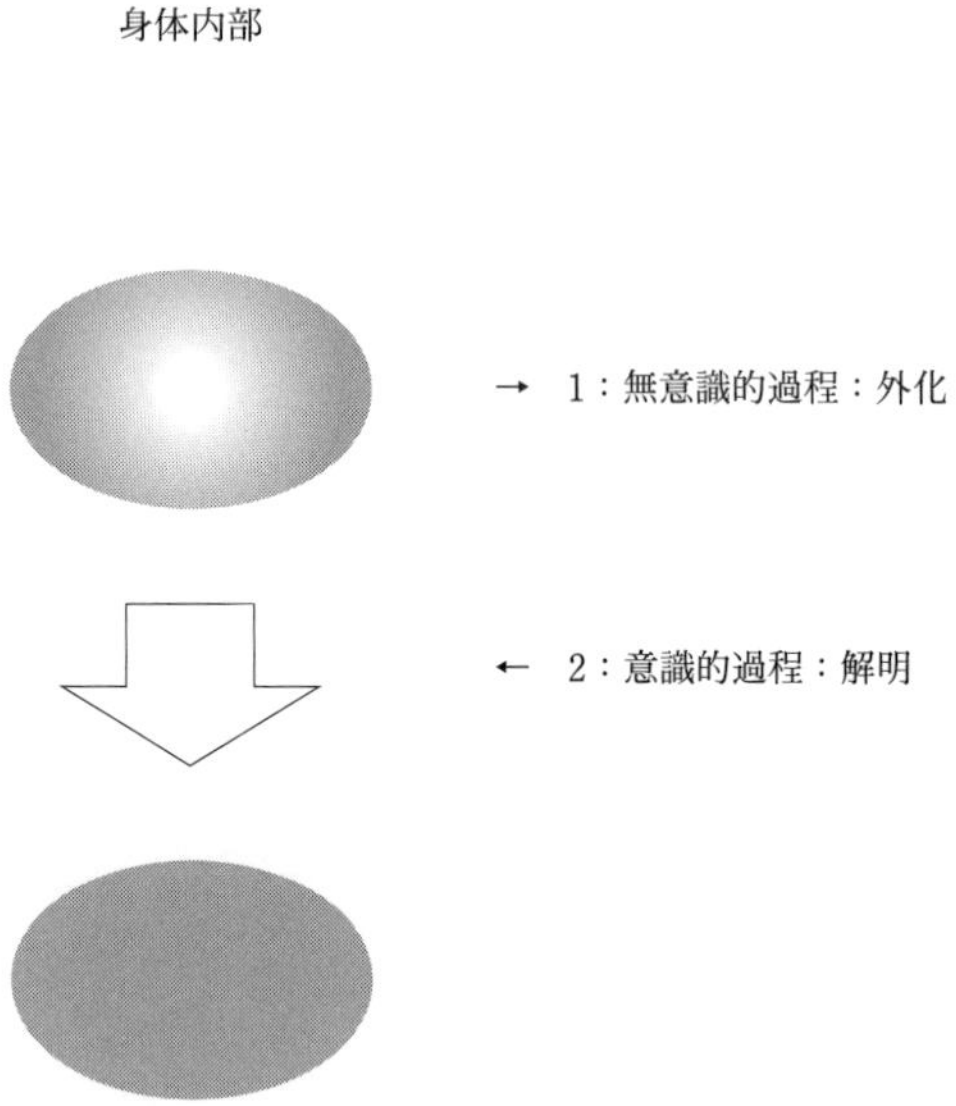

射影説の起源を、画法幾何学を完成させたフランスのモンジュ（Monge, G. 一七四六～一八一八年）に求める。[25] 他方、カンギレム（Canguilhem, G. 一九〇四～一九九五年）は、その起源がフォン・ハルトマン（von Hartmann, E. 一八四二～一九〇六年）を介してショーペンハウアー（Schopenhauer, A. 一七八八～一八六〇年）に遡る射影理論にあると主張する。[26] ブラン（Brun, J. 一九一九～一九九四年）も同様の主張をしており、[27] フォン・ハルトマンとショーペンハウアーを起源とする説が有力だが、カップ研究で著書のあるザース（Saas, H=M.）は、「エドゥアルト・フォン・ハルトマンの *Philosophie des Unbewussten*（一八六九年）はカップに影響を与えたが、カップはすでに一

八四五年の早い時期に、文化や人類というマクロコスモスを変化させる目的で、人間というミクロコスモスから外化した技術が発達してきた、という説明をしている」(Sass 1978: 271) と述べ、カップが在米中にアメリカ式の手斧を目にした経験をきっかけに道具と人間の器官の間の射影関係を着想した可能性に言及している。

確かに、射影幾何学を梃子にすれば、器官射影説の起源は、一九世紀前半のモンジュとポンスレ(Poncelet, J. 一七八八〜一八六七年) の画法幾何学にたどりつく。とはいえ、画法幾何学自体がパスカル (Pascal, B. 一六二三〜一六六二年)、デザルグ (Desargues, G. 一五九一〜一六六一年) を経てルネッサンス期のイタリアの透視図法、遠近法などの実用幾何学を起源にしており、一九世紀前半で起源探しを止めてしまう理由はない。また、カンギレムらの主張を検証する作業、つまりカップからフォン・ハルトマン、ショーペンハウアーにつらなる思想の系譜を再現する作業にも惹かれるが、起源探しに眼目がある以上、ここは一足飛びに最古の古典に外化と同様の論理を探すのが得策だろう。

古典を繙くと、器官射影説をより深化させた構図を持ちながら西洋思想のさらなる古層を流れる系譜が存在する。それが、古代ギリシャのヒポクラテス (Hippocrates/ Hippokrátēs 紀元前四六〇?〜三七七年?) を水源とする医学思想の系譜である。

科学哲学者のダゴニェ (Dagognet, F. 一九二四年〜) は、X線CTやMRIなどを駆使する現代の医療技術について次のように述べている。「現代医学は、身体を外化しながらも、内部から読解するための多くの手段をもっています。それは何も身体を文字通り外化すること extérioriser ではありません。それはあくまで、内部を表す外なのです」(Dagognet 1996: 24＝1998: 20)。[28] ダゴニェの説明は、明らかに外化の発想を前提にしている。同様の論理は、西洋医学の祖とされるヒポクラテスの記述に見出せる。「何を見るのにも視覚によるのが誰にとってもいちばん良いのであるが、膿瘍の患者や肝臓もしくは腎臓の患者、総じて体腔部に疾患のある患者については目で見るわけには行かない。それにもかかわらず、医術は援けになる他の諸手段を発見したのである。すなわち音声の清濁、呼吸の遅速、それぞれ与えられた出口から排出される各種の体液の臭い、色、濃淡などの徴候を目安にして、すでに犯されている体の部位や、これから犯されうる体の部位を判断するのである。もしこれらの徴候のないばあいと、自然（身体）がおのずとそれらの徴候を示さないばあいには、人体に害をおよぼすことを避けながら強制的に排泄させる方法を発見した」(Hippokrátēs＝1976: 97)。

医術とは、まず身体が自ずと外化した物質を手がかりに、体内の状態を判断する技術である。しかし、もし身体が内部を知る手がかりとなる物質を自ずと外化しない場合には、人体に害のない範囲で、たとえば、酸性の食物や飲物を飲ませるなどの手立てで身体に働きかけて強制的に外化を促す技術も持ち合わせている。意識的に外化を促して内部を知ろうとするヒポクラテスの医術の最先端に、ダゴニェが指摘したような現代の医療技術、すなわち身体の組織を外化させるのではなく、X線や高周波磁界を使い、物質ではなく映像という表象を外化させて内部を知ろうとする技術が位

図7

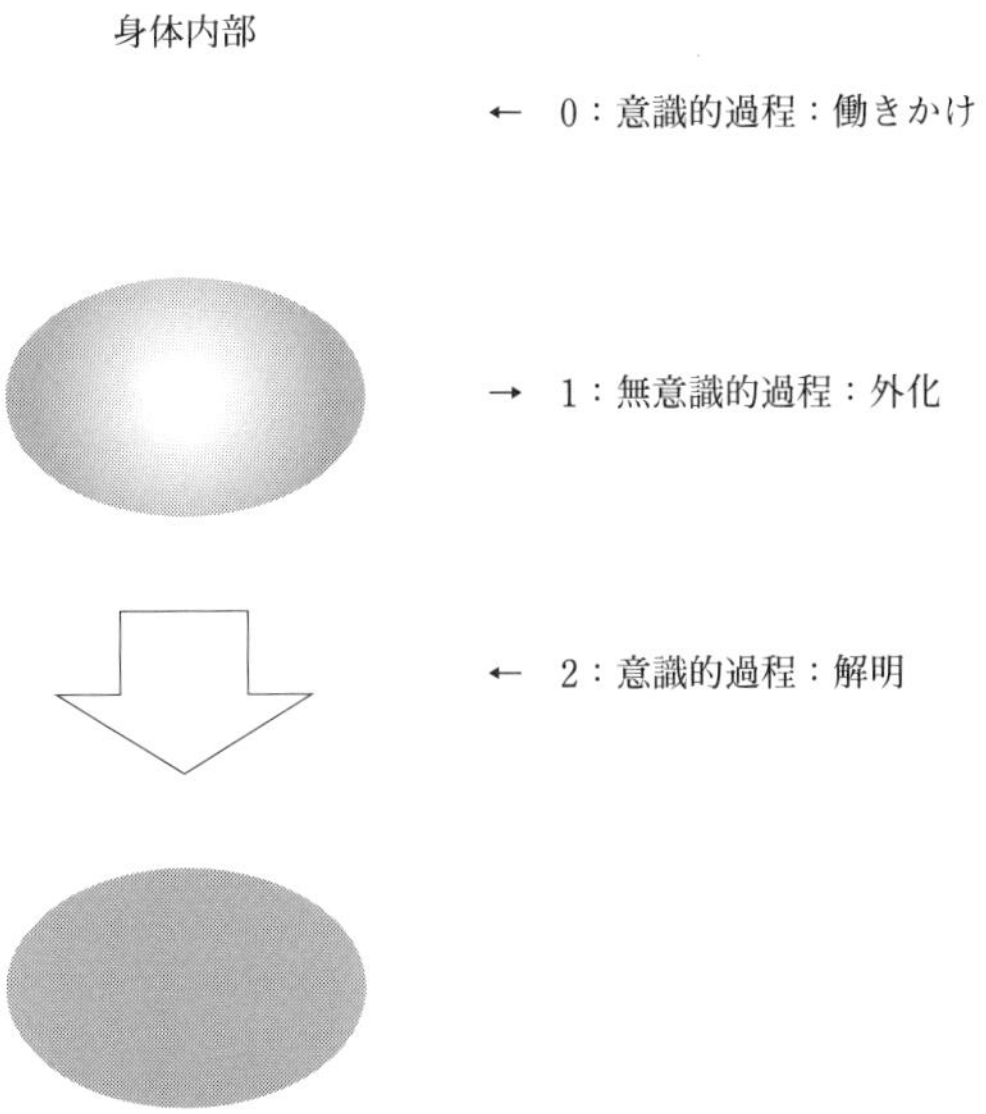

置しているのである。

以上をまとめると、図6を展開した図7の図式が見えてくる。

医師にとっても身体内部はブラックボックスの状態にある。身体内部を知りたいとき、医師は、まず、患者が自ずと物質を外化するのを待ち（1の過程）、それを手がかりに身体内部の状態を解明する（2の過程）。そして、患者が自ずと外化しない場合には、患者の身体に意識的な働きかけを行い（0の過程）、外化を誘発する。

ヒポクラテスの医学思想と器官射影説は、外化したものが内部を知る手がかりになるという点で共通する。しかし、外部からの働きかけで外化を意識的に引き起こせるとする発想は、カップの器官射影説になかった。

器官射影説を構想した当時、カップが医学思想と接触していたことを証言する記述もある。「カップは、感覚の外的なものへの関係を説明するために、なおまた一般に私たちが表象をつくり出すことに対して、この語 Projektion が生理学者や心理学者たちから用いられていることを指摘している」（三枝 1977: 229）[29]。カップ自身は「生理学者や心理学者たち」の固有名をあげていないが、同時代に実験医学の提唱者として名声を博したベルナール（Bernard, C. 一八一三〜一八七八年）の著書には外化に相当する発想が登場する。また、時代はやや下るがフロイト（Freud, S. 一八五六〜一九三九年）も、内部の好ましくない感情を抑圧して外部の対象に帰属させる防衛機制に投影 projection の語を用い、投影されたものを手がかりに無意識を含む内部過程が解明できると考えた[30]。

ここから、外化の思想はヒポクラテス以来、医学思想の本流に綿々と受け継がれ、一九世紀後半に文化の表層にたびたび出現し、カップがこの医学思想の一端に触れた可能性を推定できる。さらに論理構造を比較すると、医学思想は器官射影説の論理を包摂しており、同系統と言うよりも、後者を前者のヴァリエーションと考えるのが適当である。外化の起源がヒポクラテスの先に遡れない以上、暫定的に医学思想をこの系統の源流と認めることに異論はないと思われる。

マクルーハンのエクステンションについて言えば、はっきりと externalization と言い換えられている点から、外化起源説が有力な候補に浮上する。二冊の主著で数多くの医学思想が援用されていることも、医学研究者の言説を経由して外化の思想に接触した可能性を考えてみる十分な根拠になる。マクルーハンによるエクステンションの記述に「外化した人工物を手がかりにした身体内部の解明」の論理があり、そこに「内化」、および「感覚比率」が齟齬なく接合できれば、論理的な読解を身上とする本書の立場からは、外化をその起源と断定したい。第Ⅰ部の主題は、この検証にあるのだが、先取権論争の決着に引きずられてここでエクステンションの起源探しを打ち切るのは得策ではない。というのも、本書の第Ⅰ部は、第Ⅱ部への導入でもあり、第Ⅱ部でメディア研究の集大成を見届けるには、論争の決着とは別の次元でエクステンションを考察しておく必要があるからである。

「延長」の系譜

エクステンションの起源の第三の候補は、道具使用の記述でよく援用される「延長」である。「暗黙知（tacit knowledge）」や「創発（emergence）」の概念で科学における発見過程の解明に挑んだポラニー（Polanyi, M. 一八九一～一九七六年）は、道具使用を次のように説明する。「ハンマーで釘を打ち込むとき、釘にもハンマーにも注意を向けているが、しかしその仕方は異なっている。われわれはハンマーの打撃が釘に与える効果を注視し、釘を最も効果的に打つようにハンマーを振るう。ハンマーを振り下ろすときには、その柄が掌を打ったことは感じず、その頭が釘を打ったことを感じる。しかしある意味で、われわれは確かにハンマーを握る掌と指の感覚には敏感なのであって、それによってハンマーを効果的に扱う案内とし、また釘に向ける注意と同じ程度の注意が向けられるのだが、ただその仕方がこれらの感覚に対しては異なるのだ。この差異は、後者の感覚は、釘の場合とは異なり、注意の対象ではなく、その用具なのだと言えば述べることができよう。それらはそれ自体として注視されることはなく、それを強く意識しつつも何か別のものを注視しているのだ。私は私の掌の感覚の従属的意識 subsidiary awareness を持ち、これが、私が釘を打ち込んでいることの焦点的意識 focal awareness の中に溶け合っている。このハンマーを探り針——隠れた腔部の内部を探る——に置き換えてみることもできる。盲人が杖を用いて道を探るさまを考えてみると、ここには、杖を持つ手と筋肉に伝達された杖の衝撃を、杖の先に触れた物の意識に置換することが含まれている」(Polanyi 1962＝2001: 51–52)。そして、こう結論する。「従属的意識と焦点的意識は互いに排他的である」(Polanyi 1962＝2001: 52)。「すなわち、われわれの注意は一時には唯一つの焦点しか保持し得ず、従って、同じ個別的諸要素因を同一時に、従属的にも焦点的にも意識するというのは自己矛盾である」(Polanyi 1962＝2001: 53)。従属的意識と焦点的意識の排他性を主張し、道具を身体と対象のどちらか一方にのみ属すると考えるポラニーは、「道具や探り針を従属的に意識することは、今や、それらをわれわれ自らの身体の一部分を構成するものにする行為と看なし得る」(Polanyi 1962＝2001: 55) と述べた上で、このような「現象」を身体の延長 extension として説明している。[31]

延長と表記すべきエクステンションの記述も枚挙に暇がないが、その起源に至る道筋を明確に示してくれるものはほとんど見当たらない。その理由は、延長を援用する者自身が、その起源に無関心であるからに他ならない。次に見るギブソン（Gibson, J.J. 一九〇四〜一九七九年）の記述は、自覚的にこの概念を使用した極めて稀な一例である。

ギブソンは、ハサミを例にあげながら、道具を使用するとき、触覚が握りの部分から道具の先端に移動する「現象」をエクステンションで記述している。「使用時の道具は一種の手の延長したもの extension であり、手の付着物、または使用者自身の身体の一部になっている。したがって、道具はもはや環境の一部ではない。しかし、一旦使用を離れると、道具は環境中の単なる遊離物になる。このとき、確かに掴むことも運ぶこともできるが、道具は行為者の外に存在するものでしかない。身体に何物かを付着させる能力は、生物と環境の境界 boundary が皮膚の表面で固定されてはおらず、移動しうるということを物語る。より一般的に言えば、この事態は『主観』と『客観』の絶対的二元論が間違っていることを示唆するのである」（Gibson 1986 (1979): 41）。道具は、使用されていないときには環境の一部を構成する遊離物にすぎないが、使用されるときには身体に付着して使用者の身体の一部になる。このとき、皮膚の表面で固定していると考えられてきた生物の境界は、使用者の身体の一部となった道具の先端に移動する。

ギブソンの記述は、道具の使用時に見られる「現象」を記述したという事実に限れば、ヤスパース（Jaspers, K. 一八八三〜一九六九年）[32]やメルロー＝ポンティ（Merleau-Ponty, M. 一九〇八〜一九六一年）[33]らのもので大差ない。これらの哲学者や思想家とギブソンが異なるのは、「現象」を記述する際に延長の概念を正確に使うことで、この系譜の原型に斬り込んだところにある。

エクステンションがデカルト（Descartes, R. 一五九六～一六五〇年）の「延長 extensio」に由来することは容易に推測できる。ギブソンの特筆すべき点は、主観と客観の絶対的二元論の誤りを指摘するためにデカルトの存在論を正確に読解し、その結果、延長の起源と論理構造を明らかにしたところにある。

デカルトは、まず、神なる無限的実体とそれ以外の有限的実体を分離した。そして、有限的実体を思惟的存在たる精神と延長的存在たる物体に分離した。精神と物体は、それぞれ「思惟 cogitatio」と「延長 extensio」を属性とする。今日ことあるごとに批判されるデカルトの二元論は、「思惟するもの」である精神が存在するためにいかなる空間の場所も必要としないのに対し、「延長するもの」である物体は空間を必要とするという存在形態の二元性を原義とする。

デカルトの心―物の二元論には、心―身の二元論を帰結する。空間に場所を占める身体は、精神とは別の属性を持ち、物と同じ「延長するもの」に分類されるのである。デカルトは、動物が動くのは、機械式の時計が各種の歯車で組み立てられているのと同じく、適切な箇所に適切な器官が配置しているからだと考えた。動物は自動で動く機械であり、そこに精神の入り込む余地はない。動物は精神のない物質にすぎない(34)。心―身二元論で問題になったのが、単なる精神でも単なる身体でもない、身心を兼ね備えた人間の存在だった。そこでデカルトは、精神が身体と結合する場所を、当時の解剖学ではそのはたらきが解明されていなかった脳内の松果体（松果腺 :pineal gland）に定めた。いわば、心―物分離の理論哲学の立場を保持しつつ、第三の存在としての人間を認めるという実践的な立場からこの問題に対処したのである。[35] その結果、デカルトの存在論における「延長したもの」には、延長の属性を有する純粋な物体と、物体の属性を備えながらもその他の物体と異質な身体という、二つの物体が並存することになった。ギブソンによるデカルト批判の焦点は、この意味での二元論、つまり物—身の二元論を絶対視することの誤りを指摘するところにあった。

延長 extensio の属性を備えたものが extensum であることから、便宜的に物体を extensum e (environment)、身体を extensum b (body) に置き換えてみると、ギブソンの指摘の意義がより鮮明になる。「『主観』と『客観』の絶対的二元論」では、人間と環境の境界は、皮膚の表面で固定されており、決して移動しない。この場合、道具は、使用されるときにも、環境中にある物体、つまり extensum e と考えなければならない。ギブソンは、使用に供されているとき、道具を単なる物体と考えるべきでないと主張し、物—身の絶対的な二元論を批判したのである。

環境の側の延長したもの extensum e だった道具は、使用時には身体（手）の延長 extension of the hand、つまり身体の側の延長したもの extensum b になる（延長の場合、前置詞 of は所属の意味で理解しなければならない）。このとき、身体と物体の間にあったはずの境界は、道具と物体の間に移動している。ギブソンが指摘した「『主観』と『客観』の絶対的二元論」は、身—物の絶対的二元論、換言すれば、extensum b と extensum e の絶対的二元論を指す。ギブソンは、道具使用の「現象」から、extensum e が extensum b に変化しうることを読み取り、二元論の絶対性を疑問視したのである。[36]

ギブソンの意図は、道具の使用時に物—身の二元論がゆらぐことを指摘するところにあったが、同時に、「現象」を記述する際に無自覚に使用されるエクステンションの語がデカルトの存在論に由来することも明らかにした。[37] こうして、拡張とも外化とも違う、第三のエクステンションが分節できた。ここでは、延長がマクルーハンのメディア研究というパズルを完成させるための最後のピースになることだけを予告しておこう。

「内化」と「外化」の結合——ネガティヴフィードバックループの形成

これまでの考察からは、ホールのエクステンションが拡張の意味で使用されるのに対し、マクルーハンのエクステンションは外化である可能性が高いことが分かった。以下、この可能性が現実のものであることを論証するために、「内化」や「感覚比率」などの関連概念と組み合わせつつ、マクルーハンの記述から外化に固有の論理を読み取る作業を試みる。

まず、これまでの考察をもとに、「外化」「内化」「感覚比率」をひとまず接合してみよう。『グーテンベルクの銀河系』で『パイドロス』を論じた節の標題にあるように、たとえば、文字のようなメディアの内化は、私たちの感覚比率を変化させる。外化は、まず人間により生成された人工物の外化である。加えて、外化はある特定の感覚の外化であり、そのような特定の感覚を外化したものを内化すると、感覚比率に変化が生じる。たとえば、視覚機能に特化した文字の外化は、それを内化することで視覚を強化し、結果的に感覚相互間のバランスを乱す。この事態を、マクルーハンは、特定の感覚の「外化 extension」による他の感覚の「抑圧 suppression」と表現した。[38] 外化は特定の感覚を助長する結果、外化されなかった残りの感覚と機能を抑圧する。

人工物を外化した身体は、人工物の母体であると同時に、使用によってその人工物を内化（内在化）し、人工物から影響を受ける対象でもある。内化の結果が、身体の感覚比率の変化である。三つの概念がこのように接合でき、身体と人工物の間に循環の関係があるのを確認するのは、さほど難しくない。『グーテンベルクの銀河系』では、この循環に生理学的な裏づけが施されている。マクルーハンは、神経生理学者のヤング（Young, J.Z. 一九〇七〜一九九七年）[39]の『人間はどこまで機械か』（*Doubt and Certainty in Science*, 1950）を参照しつつ、次のように説明する。「外界からであろうと体内に由来しようと、刺激作用の影響は脳の全領域、または一部領域の働きの調和を乱す」（McLuhan 1997（1962）: 4）。ヤングの援用によって、感覚比率は脳内のバランスに、感覚比率の歪みは脳内の調和の喪失状態に読みかえられている。次にマクルーハンは、調和を乱された脳が、調和を回復するために外界の入力刺激の中から役に立つ刺激を選び取るように機能し始めると考えた。脳には外界からの刺激を利用して、自ら感覚相互間の比率を回復する機能がある。とすれば、脳は、調整の対象であると同時に、調整する主体であるという両義的性格を併せ持つことになる。

では、両義的な脳と人工物を外化する身体はどのような関係にあるのか。ヤングの引用と外化の理解を併せて考えれば、まず、脳内の調和の喪失が人工物によって引き起こされることが分かる。人工物は、刺激作用の源ということになる。この段階では、人工物によって機能を乱される脳と、人工物を産出する身体は分離している。しかし、マクルーハンは、機能を乱された脳には、適当な

図8

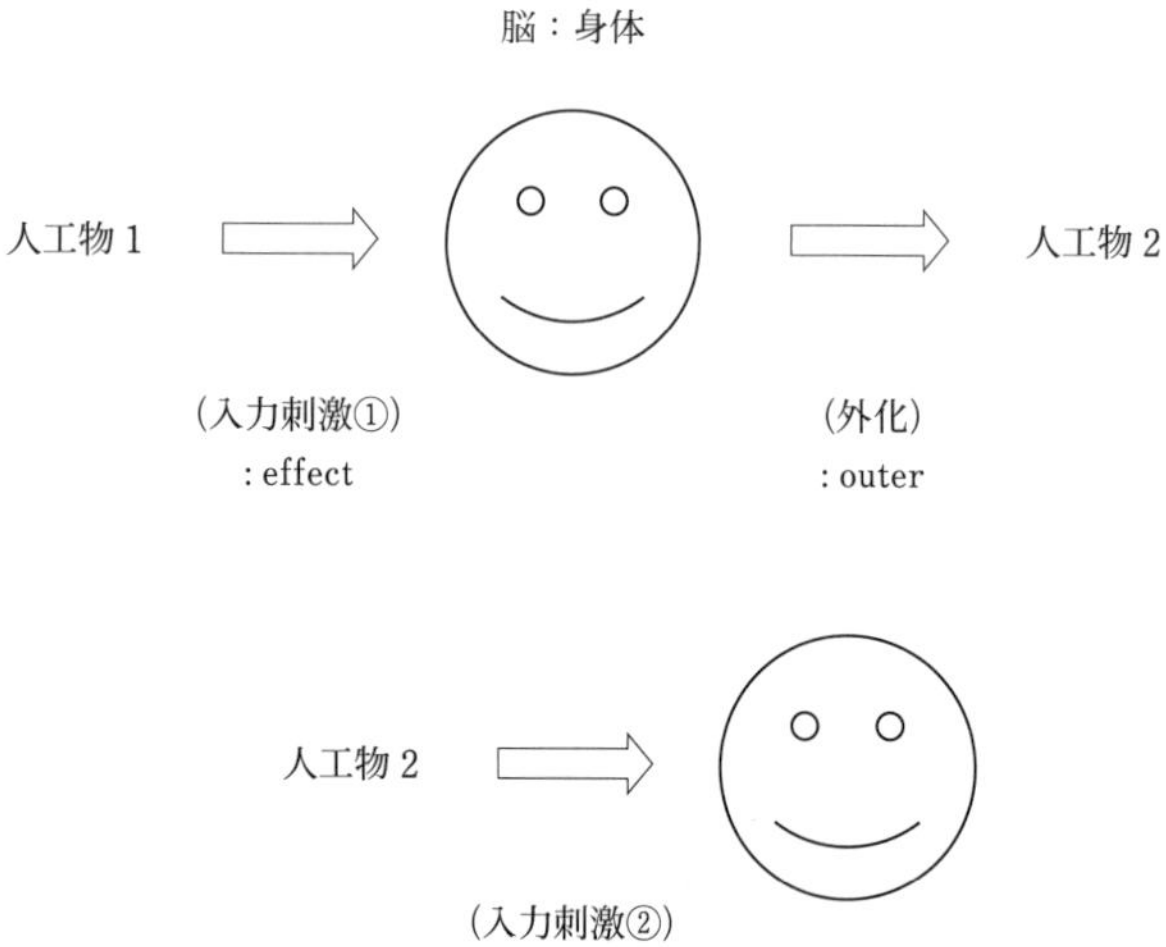

刺激を外界から選択し、自ら調和を回復する自己調整機能があると考えていた。このとき刺激源として想定されているのは、当然、人工物である。人工物は、脳を攪乱する一方、攪乱を相殺する刺激源にもなる。この一見矛盾する性質を梃子に、脳と身体が一気に縫合される。人工物がこのように相反する性質を持つならば、人工物を産出する身体は、一感覚器官を外化することで脳のバランスを攪乱しつつ、同様の手順でその混乱を鎮めることになる。身体は、人工物を産出することで脳の乱れを鎮める機能があることになる。脳に外界からの刺激を利用して自ら調和を取り戻す調整機能があったことを想起すれば、身体は、この機能において脳と同一視できる。脳は、調和を乱す現在の状況を操作するために人工物を産出するという点で、身体それ自身となる。

このプロセスは図8のように表現できる。

外界の人工物1からの入力刺激①を内化して攪乱された脳は、人工物2を外化することで、別の入力刺激②を内化し、入力刺激①を相殺して、調和を回復する。

入力刺激を身体、または脳への影響と見れば、「メディアはメッセージ」が内化の局面を表現したものであることが分かる。身体を中心に考えるならば、「メディアはメッセージ」は身体に向かうベクトルに対応し、「メディアは身体から外化したもの」は身体から出て行くベクトルに対応する。二つのテーゼは、双対的に、脳内の恒常性を維持する機構（ホメオスタシス）のループ、すなわちネガティヴフィードバックのループを描き出す。サーモスタットが熱源を制御して気温や水温を一定に保つように、身体（脳）も入力刺激を制御して脳内の状態を一定に保っているという訳である。ちなみに、ネガティヴフィードバックは、「負のフィードバック」とも表記されるが、「ネガティヴ」には一定の状態からの逸脱を「打ち消す」という以上の意味は含まれていない。同様に、後述のポジティヴフィードバックの「ポジティヴ」も逸脱が「より顕著になる」という意味であり、どちらのフィードバックも、否定的、または肯定的な価値判断を前提にするものでない点には留意されたい。

「メディアはメッセージ」のループは、情報の入出力のモデルのフィードバックの理論を人工物の産出に転用した点で独創的ではある。とはいえ、この程度であれば、マクルーハンの理論は、フィードバックのアイディアを生み出したサイバネティクスの焼き直しと評価されても仕方ない。

前出のメイシー会議の参加者名簿にその名前はないが、マクルーハンは、同時代の大きな思想潮流であるサイバネティクスに敏感に反応していた。マクルーハンによるサイバネティクスへの言及は、早くも『機械の花嫁』に見られる。「現代テクノロジーは、人間と万物を理解するための見取り図の代わりに目先の安楽と利益を提供する。とはいえ、そこには依然として中世の激しい宗教精神と道徳的義務感が満ち溢れるというパラドクスがあるので、生産者と消費者には深刻な心の葛藤と意図の混乱がもたらされる。そこでマルクス主義者たちは、これらの葛藤を解消する手段として、今こそテクノロジーを宗教から切り離すべきだと主張する。しかしこれでは親の方と縁を切りながらその子孫を偶像化するだけだ。それよりも、ルイス・マンフォードたちが着手しているように社会生物学の諸概念を力説して、テクノロジーが社会と個人に及ぼす影響を緩和しようと努力する方がより現実的で見込みがある。しかしマンフォードらのやり方は、有機体を機械の反対概念と考える点で疑問がある。人工頭脳をつくったノーバート・ウィーナー教授によれば、あらゆる有機体の特性を機械的につくり出せるようになった現在、機械論と生気論の古い対立図式はその役目を終えたのである」(McLuhan 1967 (1951): 33–34)。ここでは、テクノロジーが社会と個人に及ぼす影響を緩和するというマンフォードらの意図が継承される一方、社会生物学に代わる方法論の必要性が明言されている。新しい理論は、有機体と機械の二元論を廃しつつ、機械論と生気論を統合するものでなければならない。その範例が、ウィーナーのサイバネティクスというわけだ(40)。

サイバネティクスへの言及は、『機械の花嫁』以降、一九七〇年代の著作に至るまで散見される(41)。

それらの多くは、オートメーションが機械技術の時代をつくり替える電気（電子）技術の時代を象徴するメディアであり、オートメーションのパターンがフィードバックである、という事実を繰り返すものだが、[42]『メディアの理解』で、ネガティヴフィードバックに代わる新しいループの萌芽が見られるのを見逃してはならない。「さまざまな種類の極度の刺激作用によって身体的ストレスが生じると、中枢神経系は、傷害を起こしている器官、感覚、機能を切断、分離する戦略を用いて自分を守るように振る舞う。新たな発明の刺激になるのは、速度の増進、負荷の増大というストレスである」(McLuhan 1964a: 42)。たとえば、文書や貨幣というメディアは、一旦交換を促進することで、より速く、より多くの交換への欲求を生み出し、われわれにストレスを生じさせる。引用では末端との対比で「中枢神経系」となっているが、文脈から脳を指すと理解して差し支えない。脳は、このようなストレス状態を回避するために、身体を切断して自分の外に対立刺激物をつくり出し、現在の刺激を相殺することで、ストレスを緩和しようとする。こうして、足の機能を代行し、より速く、より多くの交換への欲求に応える車輪が発明された。ここでマクルーハンは、今度は車輪自体が刺激物になり、さらなる速度、負荷への欲求を生み出し、より強いストレスの原因になると考えた。[43]先述の脳の議論をもとに解釈すると、脳内の調和を回復するために外化された人工物が、脳内の調和を乱す入力刺激源に移行する局面が、速度の増進、負荷の増大という傾向とともに明快に描き出されている。

調和を回復する入力刺激②の源として外化された人工物2が、調和を乱す入力刺激の源に転化す

図9

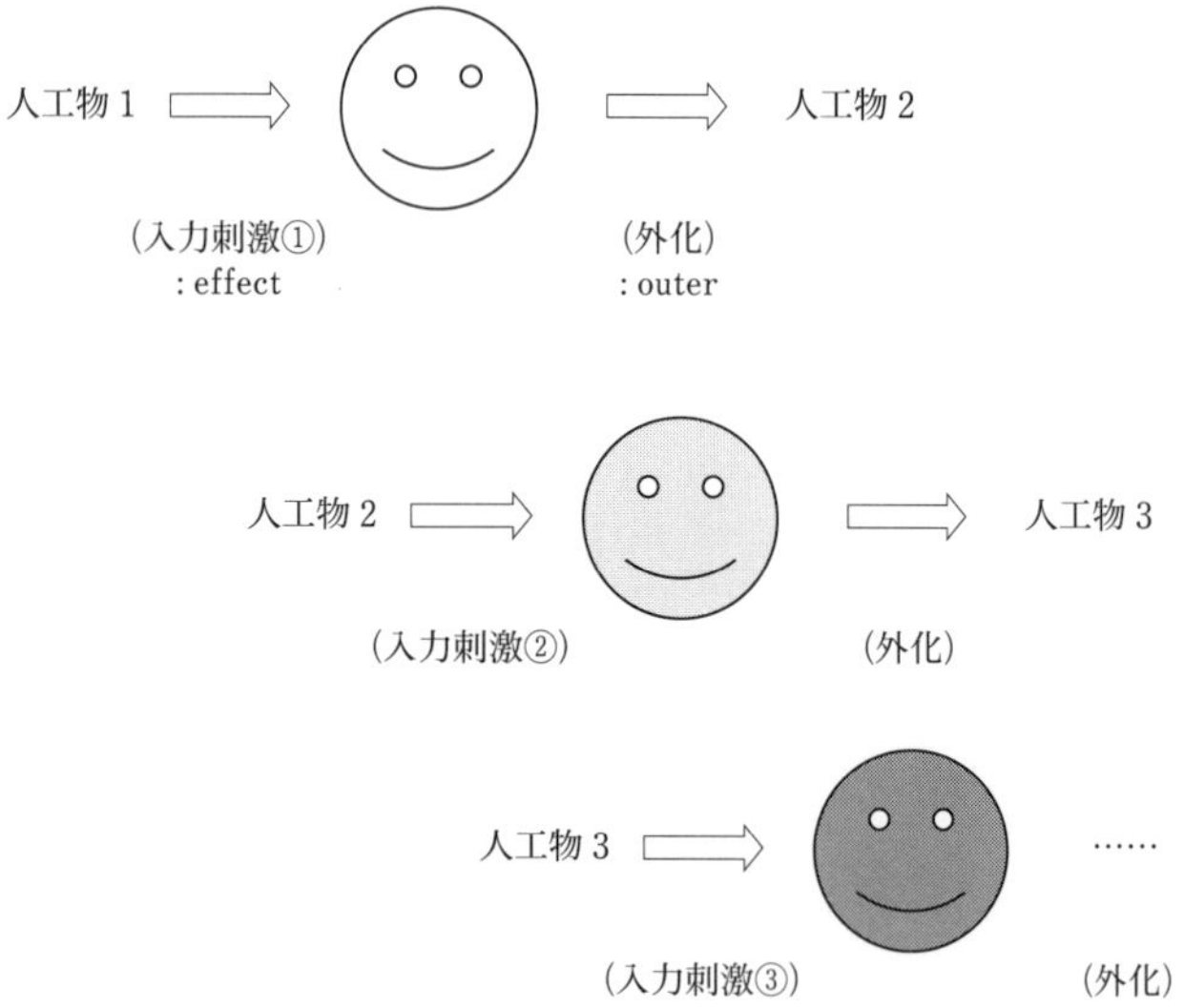

るとき、入力と外化の輪が一巡し、図9のような、人工物生成のダイナミズムを表現する螺旋状のループがあらわれる。

前記のループ（図8）が逸脱を打ち消し、恒常性を維持するネガティヴフィードバックだったのに対し、ここに見られるのは一旦生じた逸脱がますます増幅される種類のループ、すなわちポジティヴフィードバックのループである。

欲望の満足という観点から発明のメカニズムをループとして捉える立場は、マクルーハンに限ったものではない。経済学者のアッシャー（Usher, A.P. 一八八三〜一九六五年）は、一九二九年の著作の中で、「欲望の満足」に関するオグデン（Ogden, R.M. 一八七七〜一九五九年）の説を引用しながら発明過程の経験をある種のループで説明している。『知覚とは、色々な出来事の円環 circuit を経験することである。それは一定の瞬間に始まり、一定の瞬間に終わる。尤も出来事は絶えず起こって縄状をなし、違った事件が縄の股の様に重なり合っているので、絶対の始まりというものも、究極の終わりというものも、之を決定する事は不可能ではない迄もしばしば困難なことであり、その結果、絶えず（直線的に）前進して流れて行く時間が、果たして経験を分析するに当たって最も安全なガイドであるか否か、疑わしくさえなってくる。若し時間が安全なガイドでないとすると、或欲望の満足される円環という考えの方が、恐らく遥かに事実に適合した、一層真に近い表現であろう。完全な円を描くと、終わりは始めと一致し、一つの欲望を満たす事によって一つのギャップが満たされ、その欲望は姿を消す』(Ogden, *Psychology and Education*, 1926: 124)」(Usher 1929＝1940: 21–22)。「満足はいつも完全無欠とは限らない。必要や欲望が完全に妨げられる事もあれば又不完全にしか満たされない事もある。それで革新の本来の特徴は心に不満を生じたある形態を完成乃至は改善せんとする企てである」(Usher 1929＝1940: 23)。アッシャーによれば、技術革新や発明はある欲望を満足させるために構想されるが、発明が欲望を完全に満足させられるとは限らない。欲望を十分に満足させられなかったり、あるいは新たに別の欲望が生じたとき、それらを満足させるために次なる発明が必要になる。ここで発明という出来事が閉じ、一種の円環が現れる。

確かに、アッシャーの円環は、欲望が連鎖する点でマクルーハンの説明と共通する。しかし、アッシャーの説明には、発明が欲望を増幅するという契機はない。「欲望の不満足」がありうるというだけでなく、「欲望の不満足」が拡大して行くと考えたところに、マクルーハンのループの特異性があるのが分かる。

もちろん、ポジティヴフィードバックのアイディアは、マクルーハンのオリジナルではない。ポジティヴフィードバックは、丸山孫郎（Maruyama（マルヤマ）, M. 一九二九年〜）によって一九六三年に初めて定式化された。(44) 丸山は、自己安定的なネガティヴフィードバックが中心になったウィーナーの議論をファースト・サイバネティクスと呼び、ポジティヴフィードバックを中心にするセカンド・サイバネティクスの必要性を提唱した。丸山の意図は、システムには、環境との間で物質、エネルギー、情報を交換することで秩序を維持する側面に加え、自ら秩序を変更し、新たな秩序を形成する自己組織化の側面がある点を指摘することにあった。(45) たとえば、「生物の成長のように、構造性や不均衡性が増加する過程はいずれも、熱力学第二法則に反し、これは科学者を当惑させる問題であった。この厄介な問題は、生物が孤立したシステムではないと論じることにより回避された。しかし、生物がその構造を複雑化し熱を蓄積することを可能にするのはいかなる過程であり、いかなる原理であるかは決して適切に答えられてこなかった。(46) 今、逸脱増幅的相互過程の下でこの神秘の謎が解かれる」（マルヤマ　1987（1963）: 86）。生物をシステムとして考えると、実は、恒常性の維持を前提にしたネガティヴフィードバックがあてはまる事例の方が限定的であり、逸脱が増幅し、秩序の変更が頻繁に起こる事例の方が一般なのである。

ポジティヴフィードバックのアイディアを取り入れるには、少なくとも生物の発生や進化が逸脱の増幅から説明できるという基本的な理解がなければならない。今から考えれば、三〇〇〇年にわたる西欧文明の歴史を相手にしたメディア研究が生物進化の最新理論を参照し、ある種の社会進化論の要素を持ったことには何の不思議もない。しかし、ポジティヴフィードバックの定式化が一九六三年だったことを考えれば、翌年に門外漢の著書にそのアイディアが登場し、単なる言及にとどまらず理論の核心部分で使われたのには驚きを禁じえない。さらに、一九六四年の『メディアの理解』の発表は、すでに一九六二年の『グーテンベルクの銀河系』の最後で予告されており、両著が相互に補完し合う関係にあることを考えると、一九六三年の参照以前に、ポジティヴフィードバックに類するアイディアがマクルーハンにあった可能性さえ排除できない。

サイバネティクスの参照から始めたマクルーハンがこの思潮の展開を先取りするかのように思考できた理由は、それ自体解明に値する論点だが、ここでは論考の道筋から外れないために、ポジティヴフィードバックのループを記述する際に使われた「ストレス」に注目して論を進めたい。というのも、ストレスの概念は、理論的読解に重要な手がかりを提供してくれるからである。

ストレス――不可知な環境からのメッセージ

ストレスの語は、セリエが工学用語から医学用語に転用したものである。前記の通り、セリエは、一九五三年創刊の『探究』第一号の寄稿者の一人だった[47]。また、同誌の第七号までの成果をまとめた第八号には「ストレス」の項目が設けられ、マクルーハン自身が第一号に載ったセリエの論文のレヴューを担当している。[48]

まず、セリエの経歴を簡単に見ておこう。ウィーンで生まれたセリエは、プラハ、パリ、ローマで学び、一九二九年にプラハの医科大学（German Universiyu）を卒業して医学博士（M.D.）となり、二年後には科学と哲学の学位（Ph.D.）を取得する。ロックフェラー研究員の身分でのジョンズ・ホプキンス大学への留学を経て、モントリオールのマギル大学に着任し、組織学・病理学の助手、准教授を歴任、一九四五年にモントリオール大学実験医学（内科外科）研究所の所長兼教授に就任した。一九三六年に『ネイチャー』（*Nature*）誌に発表した「ストレス―適応症候群」が高い評価を受け、ストレス研究の功績で何度もノーベル賞の候補になったとされる。

セリエのストレス学説の特長は、ストレスを惹起するもの（ストレッサー）に晒されると内分泌系と神経系の二つの大きな調節系統が機能し、生体系内の構造や諸機能を正常に保とうとする働きに注目する点にある。身体の自己調整能力というだけなら、古くはヒポクラテスの「ポノス」に溯る。また、ストレス学説の登場を俟つまでもなく、キャノン（Cannon, W.B. 一八七一～一九四五年）の「ホメオスタシス」によって一九三〇年代半ばには研究者の間で広く知られていた。[49] ストレス学説の新しさは、「ストレス」の導入により、身体と環境との新たな関係を提案したところにある。

正確な定義によれば、ストレスとは、「生体系内のあらゆる非特異的変化からなる特異な症候群で表された状態」を指す。[50] 難解な定義だが、ストレスに特有の形態を有する点で「特異的」な身体的状態、特定の原因を持たない点で「非特異的」な変化、と分けて考えれば分かるだろうか。具体的には、外来の物質（たとえば、組織抽出物、ホルマリン）や純化したホルモン（たとえば、アドレナリン、インスリン）を注射した場合にも、物理的作用因（寒冷、熱、X線、傷、激しい音や光）に晒された場合にも、出血、痛み、あるいは労働を強制された場合にもストレスが生じ、ストレスに特有の同一の身体的変化が発現することを、セリエは発見したのである。[51]

ストレスは、病的変化だけを指すものではなく、身体の適応反応として考えるのが正しい。[52] ストレス状態は、原因がなんであれ、ストレスをつくり出した状況に適応するための身体の防衛反応である。セリエは、多くの疾病が、ストレスそのものではなくストレスへの適応の失敗であると考えた。病気は、外的な要因が直接引き起こすというよりも、自分自身の適応機構がうまく機能しない結果として生じるのである。こうしてセリエは、医学研究の主題を、外界にあるストレスの原因（ストレッサー）の特定から、それを受け入れる内部の仕組みの解明に移行させた。

ストレスは、多数またはあらゆる作用因で発現する。したがって、現在の身体状況に対応する単独の原因を想定するのは不可能であり、無意味である。環境への適応を研究するには、外的要因を単独で抽出するのではなく、身体の内的適応機構の解明に目を向ける必要がある。[53] マクルーハンは、『探究』第八号（一九五七年）のレヴューで、ストレス学説をこう説明している。マクルーハンが、個別のメディアから文化コードとしてのメディア環境に研究の焦点を定め、メディア環境を、身体を通して解明しようとしたことを想起すれば、ストレス学説にその着想の種子を推定できる。では、その種子はマクルーハンのなかでどのように育っていったのか。

『探究』におけるストレス学説のレヴューは、一般的な理解を前提にしたきわめてまっとうなものだったが、『メディアの理解』で援用されたストレス学説には、マクルーハン独自の解釈が施されていた。「ストレス学徒は、われわれ自身の外化したもの extensions のすべてを『自己切断したもの（autoamputation）』と考える。彼らは、知覚の力が炎症の原因を特定、あるいは回避できないとき、この自己切断の能力、または戦略が身体により行使されることを発見した」（McLuhan 1964a: 42）。引用の二つ目の文章にあるように、ストレス学説では、傷害が発現した場合の最も典型的な生体の防衛反応を炎症に求めている。炎症とは、何らかの発病因子が侵襲して損傷を与えたとき、損傷部位の周囲に組織結合の強力な防壁を築いて健全な組織から隔絶し、侵入物を死滅させた後、膿として対外に排出するまでの生体の反応を言う。炎症は、腫瘍や痛みにより感染部位に機能障害を生じさせることもあるが、健康や生命を維持する手段として有効である限り、適正な適応反応と見做せる。[54] マクルーハンが言うように、確かに、炎症にはある種の切断の機能が見られる。しかし、セリエは内的適応反応の記述で「切断」や「自己切断」の語を使用していない。マクルーハンは、「炎症とそれにともなう細胞組織の排出」を「自己切断」と言い換えることで、人工物の外化を生体の防衛的適応反応として捉え直したのである。

マクルーハンは、「自己切断」という独自の概念によって、人工物の創造を人間に特有の適応反応の結果として理解しようとしたのである。[55] もう一つ興味深いのは、ストレス学説が、文化コード論に内在していたアポリアの説明にも援用されるようになる点である。マクルーハンによれば、自己切断が起こるとき、中枢神経組織は自ら感覚を麻痺させて知覚を遮り、自己認識を禁じるように振る舞う[56]。もしそうなら、適応反応の結果として人工物を外化するのと引き替えに、外化の原因は知覚されないことになってしまう。「炎症とそれにともなう細胞組織の排出」の「自己切断」への言い換えは、外化の原因となった入力刺激は認識できないという、一種の不可知論の表明でもあった[57]。

メディアの影響を理解するには、個々のメディアではなく、個々のメディアを含み、それらを配置するメディア環境を前提にしなければならない。メディア環境を一種のパラダイムと見做し、文化コードとして記述するとき、マクルーハンが一つの問題に直面したことはすでに見たとおりである。動的で常に変化する現在のメディア環境は、たとえば、活版印刷技術が形成したグーテンベルクの銀河系のように、静的な歴史的事実からなる一まとまりの文化として把握することは論理的に不可能である。言い換えれば、文化コード論で最新のメディア環境を表現することはできない。文化コード論には、観察者が直面する論理的な課題が内在していた。ストレス学説の援用で導入された不可知論は、メディア環境の観察におけるこの課題を、知覚を持った観察者にとっての課題に移行させたものと解釈できる。この移行は単なる言い換えではない。観察者は、知覚し、さらに外化する身体を持ってメディア環境にいる。さらに、動的で常に変化する現在の環境も、ポジティヴフィードバックのループで説明されるまでに発達している。

論理的アポリアは、ポジティヴフィードバックとストレス学説によって、具体的なイメージに移行した。この移行によって、メディア研究者は解のない論理的なパズルを解く作業から解放される。そして、不可知なメディア環境を、身体を使って観察し、それを記述する作業に移行することができる。繰り返すが、このイメージの提示は、メディア研究の始まりにすぎない。不可知なメディア環境に投げ出された観察者がそれを可視化していく過程こそ、メディア研究の成長の過程そのものなのである。

メディア研究の始まり――ポジティヴフィードバックループからの脱出

最初の発明をしたときから現在まで、人間は人工物を産出し続けるポジティヴフィードバックのループを条件に生きてきた。その意味で、自己切断は人間に特有の適応反応である。しかし、適応を続け「目先の安楽と利益」に甘んじる限り、自己切断の原因となった入力刺激、すなわちメディアのメッセージを知ることはできない。このような人間の条件を、マクルーハンは次のように表現している。「魚が何も知らないものがある。それは水だ。種の生存を支える固有の環境を知覚するには、それと対照的な反―環境が必要だが、反―環境を持たないために魚は水を認識できない」(McLuhan & Fiore 1968: 175)。自己切断を続ける人間は、水を認識できない魚と同じく、人間という種に固有のメディア環境を認識できない。ポジティヴフィードバックのループは、メディア環境に適応しつつそれを認識できない人間の即自的な状態を表現する。メディア研究の目的がメディア環境の理解にあるとすれば、ポジティヴフィードバックのループの内にいる限り、その目的は永久に達成できない。環境を対象化する反―環境を手に入れ、適応状態のループから脱却するにはどうしたらよいのか。

目の前に広がる（はずの）メディア環境は、不可知なままで観察できない。閉塞を破るための次の一手を探す観察者の手元には、適応反応の結果産出された人工物しかない。第Ⅱ部では、このような状況で、マクルーハンが採った戦略を見ることになる。

註

（1） http://www.edwardthall.com/（二〇一三年六月五日取得）

（2） Hall（1959: 79）

（3） たとえば、McLuhan（1964a: 64）; McLuhan（1972（1970）: 18）。特に前者では、拡張の原典の一つと目される荘子の「はねつるべ」の逸話も紹介されている。また、マクルーハンの最晩年の思想をまとめた『メディアの法則』（*Laws of Media*, 1988）に登場するメディア分析のモデル（四次元モデル tetrad）でも、「拡張」に相当する enhancement が、「衰退 obsolescence」、「反転 reversal」、「回復 retrieval」とともに四つの次元を構成している。テトラッドについては、第4章で詳しく説明する。

（4） 「エマーソン曰く、すべての技術は人間の身体の extension であり、われわれの身体は過去と現在と未来のあらゆる発明の『雑誌』または貯蔵庫である」（McLuhan 1974: 148–149）と、この時期、別の著書でも同じ主張を繰り返している。

（5） 「この概念は相応に長い歴史を持つ。二世代前にエマーソンが次のように書いている。『人間の体は発明の雑誌であり、あらゆる手がかりが得られるモデルとしての特許事務所である。この世のすべての道具とエンジンは、四肢と感覚の extension にすぎない。人間に一つの定義を与えるなら、『器官に支えられた知性』だ』（'Works & Days': 151）」（McLuhan, M. & McLuhan, E. 1988: 94）

（6）McLuhan, E.（1997b: 285）にも同様の主張をした箇所がある。

（7）Hall（1976＝1993: 271）

（8）Molinaro et. al. eds.（1987: 515）

（9）Rosenthal ed.（1969: 19）

（10）Wagner（1969: 158）

（11）デロス・セミナー（Delos seminar）とは、ギリシャの建築家のドクシアディス（Doxiadis, C.A. 一九一三〜一九七五年）が主催したギリシャ沿岸をめぐる年次の船上セミナーで、一九六三年に始まり一二回を数えた。第一回セミナーにはマクルーハンやフラーのほかに、ギーディオンやM・ミードらが参加した（Marchand 1989: 161–162; Molinaro et. al. eds. 1987: 308）。

（12）実際、二人の友好関係は終生続いたようである。マクルーハンは一九七九年九月に脳卒中の発作を起こし、話すことと読むことができなくなる。翌年、トロント大学当局は、年齢を理由にマクルーハンが主宰していた文化技術センターの閉鎖に動くが、これに対して巻き起こった大学内外の反対運動に加わり、学外から抗議の声を上げたのがフラーだった（たとえば、Gordon& Willmarth 1997＝2001: 210）。

（13）ラモの論文のうち一九六三年と一九六五年発表の二本が論文集『革新と保守の対立を超えて』（*Beyond Left & Right*, 1969）に再録されている。この論文集には、マクルーハンとホールの論文が一本ずつと、フラーの論文が五本収められている。論文集の副題「現代の根本的思考」（*Radical Thought for Our Times*）からも、当時のラモがマクルーハンらと比肩する思想的影響力を持っていたことが推測できる。

（14） Ramo（1969（1965）: 48）

（15） Ramo（1961（1960）: 11）; Ramo（1958（1957）: 37）. クラーク（Clarke, A.C. 一九一七〜二〇〇八年）は、ラモの議論を前提に、電子工学による機能の拡張 extension が、人間の絶滅 extinction への序曲であると書いた（Clarke 1973（1962）: 240）。

（16） Bush（1945＝1997: 65–89）

（17） Bernal（1970（1929）: 32–46）; Bernal（1929＝1972: 34–57）

（18） Wendt（1906＝1953: 32–33）

（19） Plato（＝1993: 133–135）

（20） ウォーリック、および「ファイボーグ」論については、それぞれ別稿（柴田 2007, 2011a, 2015）にまとめた。サイボーグ論に興味のある向きには拙著（柴田 2022）を手に取ることを勧める。

（21） McLuhan（1997（1962）: 24–26）

（22） Sass（1978: 84–92）

（23） 三枝（1977: 229）を参照した。また、三枝は、「カップはこの語が科学的労作のなかで用いられている実例を、ロキタンスキやC・G・カルスやC・ローゼンクランツやF・A・ハルツエンなどの著述からあげて説明している」（三枝 1977: 230）と指摘する。原典の該当箇所はカップ（Kapp 1877: 29–30）。引用中の人物は、順にフォン・ロキタンスキ（von Rokitansky, C. 一八〇四〜一八七八年）、カルス（Carus, C.G. 一七八九〜一八六九年）、ローゼンクランツ（Rosenkranz, K. 一八〇五〜一八七九年）、ハルツエン（Hartsen, F.A. 一八三八〜一八七七年）である。

（24） 三枝（1977: 232）を参照した。ノワレ（Noiré, L. 一八二九〜一八八九年）も、まったく同じ箇所を引用して、カップの説を紹介している（Noiré 1880＝1954: 101）。

(25)　三枝（1977: 98–99, 228）
(26)　Canguilhem（1965＝2002: 140–141）. また、カンギレムは、考古学者のルロワ＝グーラン（Leroi-Gourhan, A. 一九一一～一九八六年）が器官を外在化させることが人間特有の進化の形態であると指摘したことにも言及している（Canguilhem 1966＝1987: 239）。
(27)　Brun（1963＝1996: 47）
(28)　ダゴニェの医療機械についての考察は、以下の記述を参照のこと（Dagognet 1986＝1996: 127–141）。また、ダゴニェは、外化の発想が、医学、生理学のみならず、生物学（Dagognet 1988＝1992: 9–10）、さらに地学（具象空間）にも見出せることを指摘する（Dagognet 1977＝1987: 137–189）。
(29)　Kapp（1877: 29–30）に該当。
(30)　ダゴニェは、フロイトの「転移」とユング（Jung, C.G. 一八七五～一九六一年）の「誘導語」が外化の一種であると指摘する（Dagognet 1982＝1990: 226–232）。
(31)　Polanyi（1962: 60–63＝2001: 56–57）
(32)　「我々は闇の中で道を探るとき、杖の先で感ずる。自己空間、即ち我々の解剖的身体空間は拡大して、杖と自分が一体であるという感覚となる。従って自分が操縦する自動車は、私が思い通りに使いこなせるときには自己の空間に属し、拡大した身体 erweiterter Körper のようなもので、この拡大身体の中に、私は自分の感覚を具えつつ至るところ居合わせているわけである。自分のものでない別の空間は、私が自己の感覚を以って他空間から来る対象に突きあたるその境界から始まる」（Jaspers 1913: 75＝1953: 135–136）。
(33)　「盲人の杖も、彼にとって一対象であることをやめ、もはやそれ自体としては知覚されず、杖の尖きは感性帯へと変貌した。杖は〔盲人の〕触覚の広さと行動半径を増したのであり、視覚の類同物となったのである」(Merleau-Ponty 1962 (1945): 167＝1991: 240)。

(34) 霊魂をまったく持たない動物という発想の歴史的意味については、金森修(一九五四年〜)の論考(金森 2012)の第二章に詳しい。

(35) 所(1996: 282-283)

(36) ギブソンのデカルト批判の意義については別稿(柴田 2004, 2006, 2012)で論じた。

(37) ギブソンは、メディウムについてもまったく新しいアイディアを提出した。ギブソンのメディウム概念からマクルーハンに言及した最初の論考としては、佐々木正人(一九五二年〜)のもの(佐々木 1992)があげられる。ギブソンの理論に基づくメディア研究の可能性については、別稿(「メディア研究の生態学的転回」『知の生態学的転回』第二巻所収)で論じた。

(38) McLuhan (1997 (1962): 4)

(39) マクルーハンの引用に該当する箇所は、ヤング(Young (1960 (1950): 67-68＝1958: 88-90)にある。ヤングは、自らの研究がサイバネティクスと親和性を持つことをこの著書の中で語り(Young (1960 (1950): ix, 14＝1958: 6, 181-182)、この著作の上梓から二年後には、第九回メイシー会議(一九五二年三月二〇〜二一日)で発表している(Young 1953: 109-119)。

(40) 一九五〇年代半ばは、生物学者のフォン・ベルタランフィ(von Bertalanffy, L. 一九〇一〜一九七二年)が機械論と生気論の双方を退け、生体を定常状態のオープンシステムとして捉える立場から一般システム理論を構築しようとしていた時期でもあった。この経緯については村上(2001: 67)を参照されたい。

(41) たとえば、McLuhan (1964a: 354); McLuhan (1967a: 95-108); McLuhan (1967b: 180); McLuhan & Fiore (1968: 53-56); McLuhan (1968b: 128); McLuhan (1972: 64)。また、一九七四年二月二五日の米サウス・フロリダ大学での講義でもサイバネティクスに言及している(McLuhan,

S. et al. eds. 2003: 239)。
(42) フィードバックに関する発言としては、以下のものがある。「われわれは車輪の時代から電子回路の時代に突然移行した。車輪が物資や情報を運ぶだけだったのに対して、電子回路は相互関係をつくり出し、フィードバックする。われわれは、伝達 transmission の時代から関わり合い involvement の時代でもあるフィードバックの時代に入った」(McLuhan 1966a: 41)。「電子技術による神経系や『フィードバック』の extension の結果、視覚は他の感覚、特に積極的な触覚 active touch の感覚との関係性を回復した」(McLuhan 1966b: 3)。
(43) McLuhan (1964a: 179–187)
(44) Maruyama (1963)
(45) 伊藤 (1987: 16)
(46) 「セカンドサイバネティクス」("The Second Cybernetics", 1963) の邦訳の冒頭には、発表の経緯を述懐した文章が加筆されている。「一九六二年の春、カリフォルニア大学の図書館で、偶然、印刷されたばかりのウィーナーの論文を目にした。その論文は、ネガティヴ・フィードバック礼賛論であった。私はウィーナーと一九五四年に手紙を交換したことがあったが、そのウィーナーがまだネガティヴ・フィードバックを礼賛していることがわかり、私は憤慨するような気持ちで、"Morphogenesis and Morphostasis" の数学的な部分を削除して "The Second Cybernetics" を書いた。それは一九六二年の夏であった。原稿を十種以上の科学雑誌に次々と送ったが、みな断られた。これが最後と思い、*American Scientist* 誌に送ったところ受理され、一九六三年六月号に印刷された」(マルヤマ　1987 (1963): 79)。
(47) Selye (1953: 57–76)
(48) McLuhan (1957: item 8). マクルーハンによるセリエの参照は『メディアの理解』以降も続き、

一九七二年の『今をつかめ』では、セリエが『夢から発見へ』(*From Dream to Discovery*, 1964)で展開した「直観」に準拠しながら創造的思考の原理について論じている。他方、セリエ(一九六七年版の『生活のストレス』)も参考文献に『メディアの理解』をあげている。

(49) Cannon (1932=1994: 23–28)

(50) Selye (1976 (1956)=1994: 用語解説 :39). マクルーハンが参照した一九五三年版からの改定箇所は、四一五頁以下に記されている。

(51) もちろんこのことは、ストレッサーに晒されることで誰もが同じ症状を呈するということを意味するものではない。各種因子に対する生体組織の反応は、遺伝などによる内的条件づけ、食事の摂取などによる外的条件づけにも依存する。

(52) Selye (1976 (1956)=1994: 73)

(53) McLuhan (1957: item 8)

(54) Selye (1976 (1956)=1994: 202 以下)

(55) セリエは、生体の自己調整機能における調整器官(モニター)については、引用にあるような中枢神経組織ではなく、神経系と内分泌系を考えた。したがって、正確には、モニターとしてはヤングの脳がそのまま継承され、定常性を要求する生体の入力と出力(切断)のメカニズムについてストレス学説が援用されたというべきだろう。

(56) McLuhan (1964a: 42–43)

(57) マクルーハンとストレス学説の関連については別稿(柴田 1999)で取り上げた。

第Ⅱ部　メディア研究の到達点

マクルーハンは、ネガティヴフィードバックを土台にして、環境に適応するために無自覚に人工物を産出し続ける様子をポジティヴフィードバックのループで描き出した。魚が水という環境に適応することで水を認識できないように、メディア環境に適応するだけの人間にもメディア環境は認識できない。メディア環境を認識するには、この適応状態から抜け出さなければならない。ポジティヴフィードバックの悪循環に囚われていることを自覚した上で、そこから脱出する方法を考えなければならない。ここでマクルーハンが採った戦略は、外化の概念を独自に解釈し、悪循環のループを停止するというものだった。

第Ⅱ部では、ループの停止から始まり、前方のメディア環境の認識に至る道のりを順に追っていく。この追跡過程で、メディア研究の理論が明らかになるはずである。

予告した通り、外化と延長の概念が理論の構築で重要な役割を果たす。正確に言うと、道のりの前半部分で外化が、後半部分で延長が道案内をしてくれる。

第Ⅰ部の論述からも、マクルーハンのエクステンションが外化である可能性が高いことは十分に予想できるだろう。第Ⅱ部では、マクルーハンの外化の理解がその本義に極めて忠実であり、それゆえ、独創的な解釈とそれに基づく理論構築ができたことを明らかにする。

第3章　「探索の原理」への結実

この章では、ループの停止から始まり、前方のメディア環境の認識に至る道のりを追跡する。ループの停止という離れ業を見る前に、マクルーハンが外化の本流たる医学思想と接触した痕跡をいくつか紹介しておきたい。

医学思想との接触

マクルーハンの著作にはさまざまな技術論が登場する。文献表にはマクルーハンと医学思想を仲介すべき立場にいたカップの名前は見当たらないが、カップの代役を務めたと思しき人物がいる。それが、先述したように『探究』への寄稿者の一人のギーディオンである。

ギーディオンは、すでに一九四〇年代に建築・美術史の分野で大きな仕事を成し遂げており、批評家としても名声を得ていた人物である。『探究』第六号（一九五六年）に「先史時代の芸術における空間概念」を寄稿しているが、マクルーハンは、『探究』以前に一九五一年の『機械の花嫁』でギーディオンの『機械化の文化史』(*Mechanization Takes Command*, 1948) を引用している。(1)

『機械化の文化史』には、次の記述がある。「人間とその環境の間の関係は、時代ごと、あるいは毎年、絶えず変化している。否、それは一瞬たりとも同じではなく、絶えず均衡を失う危険に曝されている。人間と環境、内的現実と外的現実の間には静的な均衡はない。われわれは、直接的な形では、ここに働いている作用と反作用の様子を証明することはできない。原子核の場合と同様、そのプロセスを具体的な形ではつかむことはできない。そのプロセスの結晶したものを通じて、その存在を知るのみである。ローマ人、中世人、バロック期の人々が創り出したものはそれぞれ違っている。それは、人間と外界との関係、その過酷なまでの変化をはっきり示している」(Giedion 1948＝1990: 696)。ギーディオンの記述からは、人間と環境の均衡が動的なものであるという点をはじめ、両者の間の作用・反作用のプロセスを直接把握するのが不可能であるという不可知論、さらに、作用と反作用の結果として人々が創り出したもの（＝人工物）が不可知なプロセスを知る唯一の手がかりになる、という外化のモチーフが読み取れる。

そして、同書には、機械化の時代に特有の人間と環境の関係を理解するのに有望な理論としてベルナールを起源とするキャノンらの生理学があげられている。(2) この提言に従ったからかどうかは分からないが、『グーテンベルクの銀河系』には、ベルナールからの引用がある。「（ベルナールによれば）『生理学者にとって、実験は、（現象を妨げない観察とは）まったく逆の手続きを意味する。自然現象の条件が探究者の手によって、故意に変化、または障害を受けるのである。これを行うには、生体からある器官を切断や剝離によって取り除き、生体全体、または特殊の機能において起こる障害から、切除された器官の機能を判断するのである[3]』」（McLuhan 1997（1962）: 3）。

ベルナールが提唱した実験医学は、対象に働きかける点で対象に干渉しない観察医学の対極に、また、働きかける対象が生体であるという点で死体を分析する解剖学の対極に位置する。実験医学が構想された背景には、師のマジャンディ（Magendie, F. 一七八三〜一八五五年）への批判があった。カンギレムはベルナールのマジャンディ批判を紹介しているが、カンギレムの記述からは、ベルナールが外化の系譜に定位していた様子もうかがい知ることができる。「『生命の物理的現象に関する講義』の中でマジャンティは言う、『私は肺にふいごを、気管支に風管を、声門に〔楽器の〕振動する舌を見て取る。（……）われわれは目としては視覚装置を、声としては音楽楽器を、胃としては生きたレトルトをもっている』（一九三六年一二月二八日、三〇日の講義）。ところがその一方でC1・ベルナールは『ノート集』の中にこう書いているのだ、『喉頭は喉頭であり、水晶体は水晶体である。つまりそれらの機械的または物理的条件は生きた有機体以外ではどこでも実現されえないのである』」（Canguilhem 1983=1991: 174）。引用中のベルナールの発言からは、アナロジーに基づいて器官を理解しようとする師への激しい反発が読み取れる。ベルナールがアナロジーに代わる方法として提唱したのが、文字通り生体の器官を切断することで内部を解明する実験医学の手法だった。

マクルーハンは、セリエのストレス学説を援用した箇所で自ずと起きてしまう適応状態を「自己切断」と表現していた。「自己切断」の語がセリエの用語でないことはすでに述べた。「自己切断」とは、実験者による故意の切断との対照の文脈で出てきた語であり、その背景には、観察医学と実験医学の対照の歴史があったのである。マクルーハンは、自ずと外化が起きている適応状態から脱却するために、実験者による意図的な切断に期待をかけたのである。

以上から、ギーディオンの直接、間接の影響の大きさが分かる。(4) とはいえ、それを認めたとしても、マクルーハンの独創性を減じることにはならない。まず、ギーディオンは、人工物が環境と人間の作用・反作用の結晶であり、人工物を手がかりにすればそれを結晶させたプロセスが解明できると考えた。この説明は、自ずと外化したもののみが手がかりになると考える点で、カップの立場に近い。他方、マクルーハンの議論は、自然な外化に加え、意図的な外化の可能性を前提にしている点で、ベルナール、そしてヒポクラテスの立場を踏襲する。さらにマクルーハンの議論には、ベルナールの実験医学にも還元できないアイディアが見られる。一九六〇年代後半にマクルーハンは次のような発言をしている。「私たちの社会の内的空間が外化 go outward すると、世界万博（一九六七年）のような構造になる。それは、モザイク形式の複合的空間であり、実質的に私たちの文化のX線の役割を果たす」（McLuhan 1968a: 114）。そして、現代文化の解明にはX線アプローチが必要であると説く。[5] まず、世界万博が私たちの社会から外化したものである以上、それを手がかりにすれば社会の内的機構が解明できるという点はカップ流のアイディアとして理解できる。問題は、マクルーハンが、X線のように、人工物ではなく表象の外化を意識的に促すアプローチの可能性に言及している点である。ベルナールの実験医学は、器官や組織など、物理的に空間の一部を占める有体物の外化を前提していた。実験医学には、外化にことばやイメージなどの表象を含める発想はなかった。これに対し、『グーテンベルクの銀河系』では、感覚の外化 outering とことばによる表出 uttering が並置されていた。[6] この並置は、両者が同じ資格で存在し、内部の解明においても同じ機能を果たすことを前提にするものだったのである。[7]

マクルーハンは、医学思想への定位を通して、表象の外化により内部を知るという発想を手にしていた。表象による外化の発想は、医学思想の系譜では、X線や高周波磁界で身体内部の表象を外化する現代の医療技術に通じる。ここでは、マクルーハンが外化の概念に独自の解釈を施したという事実を確認するにとどめ、悪循環のループを停止するための方略に話を進めたい。

バックミラーのメタファー

ポジティヴフィードバックからの脱却を謳ったマクルーハンのメディア研究は、一九六〇年代半ば以降に急速に発達する。その発達の過程は、外化には人工物と表象の二つがあり、それらが同様の振る舞いをするという並行論を抜きにしては理解できないが、ちょうどこの時期、発達過程を追跡する上で好都合なメタファーがマクルーハンの著作に登場する。

「われわれは、バックミラー rear-view mirror を通して現在を見ている。われわれは、後ろを向いて未来に進んでいるのだ」(McLuhan & Fiore 1967: 75)。進行方向の視界が完全に失われている状態は、現在のメディア環境が知りえないという不可知論を、バックミラーに映る後景として現在を見ている状態は、前方のメディア環境を知る手がかりがすでに外化した人工物しかないことを表現するものと解釈できる。つまり、バックミラーのメタファーは、ポジティヴフィードバックのループのダイナミズムとメディア環境の不可知論を同時に表現することに成功しているのである。一九六〇年代後半にかけて頻繁に使われていることから[8]、マクルーハン自身にとっても問題を整理する上で最適のメタファーだったに違いない。

マクルーハンがバックミラーのメタファーを初めて使ったのは一九六五年の演説（Vision65）だが[9]、「後ろを向いて未来に進んでいる」という表現自体は、マクルーハンの以前に数多くの前例がある。その最も有名なものはベンヤミン（Benjamin, W. 一八九二〜一九四〇年）がクレー（Klee, P. 一八七九〜一九四〇年）の「新しい天使」(*Angelus Novus*) と題された絵に仮託して歴史学について語った一節だろう。「かれの眼は大きく見ひらかれていて、口はひらき、翼は拡げられている。歴史の天使はこのような様子であるに違いない。かれは顔を過去に向けている。ぼくらであれば事件の連鎖を眺めるところに、かれはただカタストローフのみを見る。そのカタストローフは、やすみなく廃墟の上に廃墟を積みかさねて、それをかれの鼻っさきへつきつけてくるのだ。たぶんかれはそこに滞留して、死者たちを目覚めさせ、破壊されたものを寄せあつめて組みたてたいのだろうが、しかし楽園から吹いてくる強風がかれの翼にはらまれるばかりか、その風のいきおいがはげしいので、かれはもう翼を閉じることができない。強風は天使を、かれが背中を向けている未来のほうへ、不可抗力に運んでいく。その一方でかれの眼前の廃墟の山が、天に届くばかりに高くなる。ぼくらが進歩と呼ぶものは、この強風なのだ」(Benjamin 1940＝1992: 119–120)。歴史を俯瞰できる高みに居ながら進歩の風に抗えず、死者と廃墟が積み重なっていく様子を眺めるだけの一九四〇年のヨーロッパの絶望的状況と、戦後のメディア環境をめぐる閉塞感は単純に比較できないとしても、ベンヤミンとマクルーハンは、少なくとも顔を前方に向けることの困難さを認識していた点で共通している。

ヴァレリー（Valéry, P. 一八七一～一九四五年）も同様の表現をしている。一九三四年六月一二日、ラジオ・パリでヴァレリーの談話が放送された。「今日までのところでは、予想外のことというものも、大体、かつて過去に姿を見せた事物、力、乃至行動のありうべき複合現象の一つに他なりませんでした。そして、どんな突発事件に対しても、市場になにかしら先例乃至類例が見出されたものです。しかし今やわれわれは、われわれの知っていることがらから、われわれが、ちょっとでも信頼を繋ぐことの出来るなんらかの未来の絵姿を、どういう絵姿にせよ、引き出すわけにいきません」(Valéry 1934＝1974: 117)。あらゆる領域に無秩序が支配する「現代」特有の事態を指摘したヴァレリーは、次のように言った。「われわれはあとしざりに未来に入って行く」(Valéry 1934＝

1974: 117)。ヴァレリーは、一九三二年七月一三日にジャンソン・ド・サイイ高等中学校の賞状授与式でも同様の表現を使っている。「前に他の機会にも言ったことですが、われわれは後ずさりしながら未来に入ってゆくというふうに、私には感じられてならないのです。わたしにとって、『歴史』の最も確実で最も重大な教訓とは、この点なのです」(Valéry 1932＝1974: 237)。そして、「歴史」を学ぶ意義をこう総括する。「このような備えは、出来事を創り出すとかもみ消すとかは出来なくとも、少なくとも人間に不測の事柄に対して最も速やかに対処することを可能にさせてくれる」(Valéry 1932＝1974: 237–238)。

このように、「後ろを向いて未来に進んでいる」という表現の例は枚挙に暇がないが、後ろ向きの顔を前に向ける構想の前例はそれほど多くない。その先達の一人に、ジェイムズ (James, W. 一八四二〜一九一〇年) がいる。ジェイムズの死後に出版された『根本的経験論』(*Essays in Radical Empiricism*, 1912) には以下の記述があった。「『哲学・心理学・科学的方法の雑誌』にのった重厚な小論文の中で、ヘフディング教授は、『私たちは前方へ向かって生き、後方へ向かって理解する』という趣旨のキルケゴールのことばを引用している。後方へ向かって理解するということは、正直なところ、合理論的なタイプであると普通の経験論的タイプであるとを問わず、哲学者たちに非常によく見られる弱点である。ひとり根本的経験論だけが、前方へ向かって理解すべきことを力説し、私たちの動きつつある生における推移を理解の静的概念と取り替えるのを一切拒否するのである」(James 1912＝1978: 197)。[10] バックミラーを眺める状態にとどまるならば、メディア研究には、外化したメディアをそれに先立つメディアに系統づけるという、文字通り後ろ向きの理解しか残らないだろう。ジェイムズが根本的経験論で前方に向かって生きる動的な生の理解を宣言したように、マクルーハンのメディア研究も、眼前に広がるメディア環境をそのダイナミズムとともに理解することを宣言するものだった[11]。

前方に目を向けるには、まずポジティヴフィードバックのループを停止しなければならない。マクルーハンは、ループの停止という離れ業を、人工物とことばの並行論に基づくフィードフォワードループを形成することで成し遂げる。そして理論的には、ループの停止から三つの手続きを経て、メディア研究の果実たる「探索の原理」が完成する。

フィードフォワードループの形成

フィードフォワードの語は、一九六八年七月一二日付けのマクルーハンからリチャーズに宛てられた書簡の中に初めて登場する。二人の出会いは、マクルーハンがケンブリッジのトリニティー・ホールに留学していた時期（一九三四〜三六年）に遡る。マクルーハンがリチャーズから修辞学と哲学を学んで以来、二人の交流は続いていたのである。「『フィードフォワード』というあなたがつくったすばらしいことばは、私に探索の原理、あるいは二〇世紀最大の発見と呼ばれる『判断中止』を連想させる」（Molinaro et al. eds. 1987: 355）。この書簡の後、一九七〇年代のマクルーハンの著作にフィードフォワードの語が見られるようになる[12]。

一般的な定義では、フィードフォーワードとは、フィードバックを補完するための概念であり、たとえば、平衡状態を保っているシステムに対してシステムの外から平衡状態を乱す作用がある場合、入力の段階でそれを検知し、出力に及ぼす影響を予測して前もって打ち消してしまう制御方式を指す。では、マクルーハンのフィードフォーワードは何を意味するのか。書簡中でフィードフォーワードは、「探索の原理 the principle of the probe」と「判断中止 suspended judgment」に対応している。まず後者から見てみよう。「判断中止」は、一九六八年の書簡以前に、『メディアの理解』第七章の冒頭に登場する。「二〇世紀最大の発見は判断中止の技法である、と宣言したのは、バートランド・ラッセルだった」「判断中止とは、たとえば、不幸な少年時代が成人に及ぼす影響を予測して、それが現実に生じる前に、その影響を相殺する技法である」(McLuhan 1964a: 62)。ラッセル (Russell, B. 一八七二〜一九七〇年) が宣言したとされる「判断中止」が、未来の行動に及ぼす影響を現在の入力情報から予測し、前もって打ち消してしまう技法ならば、フィードフォーワードの一般的な定義の範囲で十分理解することができる。

『メディアの理解』の段階では、「判断中」によって、メディアが及ぼす影響を予測し、影響が生じる前に相殺する技法の開発という方向性が示される一方、その具体的な内容には言及がなかったが、一九六〇年代半ば以降もこの方向性は維持された。そして、一九七〇年の『クリシェからアーキタイプへ』(*From Cliché to Archetype*) で一つの解答が提出された。それが、リチャーズへの書簡で「判断中止中」と併記された「探索の原理」である。リチャーズに書簡を送った一九六八年当

図 10

時、マクルーハンは、「二〇世紀最大の発見と呼ばれる『判断中止』」を先例に、「探索の原理」という独自の理論を考案中だったのだろう。

『メディアの理解』以後、一九七〇年初頭に至る時期のマクルーハンの思索は、「探索の原理」の構築に注がれたと言っても過言ではない。この過程で重要な役割を担ったのが、他でもない外化の概念だった。

外化の概念は、その起源の医学思想においては、身体に働きかけて意識的に外化を促す局面、働きかけによって身体が外化を遂行する局面、外化したものを手がかりに内部を解明する局面に分節できた。外化のメカニズムは、働きかけ、外化、（内部の）解明の三つの過程に分けて考えることができる。さらに、マクルーハンは、外化したものに物質的な人工物（以下、メディア）と非物質的な表象（以下、ことば）を含め、両者が並行関係にあると解釈した。

マクルーハンは、この並行論を梃子に、同じ軌道を描く二種類のポジティヴフィードバックのループを想定するところから、理論の構築に着手する。

これまでのところ、ポジティヴフィードバックのループは、メディアを外化し続ける悪循環を表現してきた。マクルーハンは、メディアのループと同じ軌道を描くことばのループがあると考えた。メディアのループと相似形のことばのループは、同じポジティヴフィードバックの軌道を描くために、メディアの悪循環を対象化する力を持たない。悪循環を対象化できないような使い古されたことば（クリシェ）は、メディアと同じポジティヴフィードバックの軌道を回っているのである。

マクルーハンの戦略の第一手は、並行論を梃子に、メディアの悪循環を一旦ことばの悪循環に置き換え、クリシェを外化しないことでループの流れを停止しようというものだった。そして次に、ことばの悪循環を対象化できる新しいことばをつくり出し、最後に、新しいことばによって、メディアの悪循環も対象化しようというものだった。この戦略を理解してはじめて、『クリシェからアーキタイプへ』で示された「探索の原理」の全容が解読できる。

「探索の原理」——読解の方法

『クリシェからアーキタイプへ』は、アルバータ大学教授のワトソン（Watson, W. 一九一一〜一九九八年）がトロント大学の文化技術センターに客員研究員として滞在していた間（一九六八〜六九年）に執筆が始まった。マクルーハンは同じ頃に共著を立て続けに発表しているが、ワトソンとの共著の同書は、「探索の原理」の全容が示された点で、数多くの共著の中で特別の評価が与えられるべき一冊である。

さて、確かに、同書には「探索の原理」の全容が示されている。マクルーハン自身が「原理

principle」と名づけたことから、当然、「探索の原理」には状況的で断片的な言辞を越えた理論的統一性が備わっていると想定できるが、論理的な記述を意識的に避けたマクルーハンの著作の例に洩れず、同書でも、「探索の原理」が体系的かつ明示的に描かれているわけではない。よって、同書の各ページに散らばる言辞を切り取り、繋げ合わせて、「探索の原理」を構成する作業が必要になる。以下、この作業を三つの段階に整理して行うが、三つの区分はあくまで操作上の便宜的なものであり、マクルーハンが「探索の原理」を三段階で提示したわけではない。

「探索の原理」を解読する手がかりは、次の引用に集約されている。「手が、その延長物によって物理的環境を探索 probe し、形成するように、魂、または心は、その延長物、つまりことばによって人工物の人工的環境とアーキタイプを探索、整理、想起する」(McLuhan & Watson 1970: 150)。一読して、道具を持つ手が物理的環境を探索するように、ことばを使う心が人工的環境を探索するという並行関係が読み取れる。道具による探索のイメージに仮託したことばによる探索は、メディア研究の集大成を「探索」の原理と呼ぶ所以を示している。とはいえ、この探索のイメージは、主に「探索の原理」の最終局面、つまり第三番目の段階を表現するに過ぎない。問題は、第三段階に至る過程がどのようにイメージされているかを読み解いていくことにあるのだが、実は上記の引用には、第三段階だけでなく、第一段階と第二段階を理解する手がかりも示されている。それは、ことばによる探索の対象としてあがっているアーキタイプと人工的環境である。二つの領域の区別は、単なる言い換えではなく、探索における二つの異なる位相に対応している。すなわち、アーキタイプの探索までが第一段階と第二段階に、人工的環境の探索が第三段階に相当するのである。二つの領域の区別に注目しながら、「探索の原理」を三段階で読み解いていこう。

「探索の原理」——第一段階

まず、アーキタイプの探索に至る第一段階を切り出してみよう。第一段階は、書名が示す通り、クリシェからアーキタイプへ向かう過程である。

マクルーハンは、クリシェを「意識に上る個々のことば」(McLuhan & Watson 1970: 150)、アーキタイプを「ことばを生み出す、言語化以前の集合的無意識の領域」(McLuhan & Watson 1970: 21–22) と定義した上で、次のように言う。「『クリシェからアーキタイプへ』の主題は、すべてのクリシェを廃棄するという一点にある」(McLuhan & Watson 1970: 127)。そして、「廃棄されたことばは、クリシェのガラクタ市 rag-and-bone shop、つまりアーキタイプを形成する」(McLuhan & Watson 1970: 127)。第一段階の主題は、意識に自ずと上ってくるありきたりなことば＝クリシェを廃棄することにある。すべてのクリシェを廃棄するにより、ことばのループが停止する。ループの停止と同時に、クリシェを積み上げたことばのガラクタ市が開き、クリシェを生み出してきたアーキタイプの存在が自覚されるようになる。

クリシェの廃棄とアーキタイプの形成は、バックミラーのメタファーを使うと理解しやすい。メディアについてクリシェを無自覚に吐き、メディアを理解したつもりになっている輩は、バックミラーの景色を漫然と見ているドライバーのようなものだ。口を衝いて出る紋切り型のことばは、バックミラーに映る後景と同様、過去の産物であるため、生起しつつある現在のメディア環境を記述する力を持たない。前方の景色を見る企ては、まずは慣れ親しんだバックミラーの景色から目を離すこと、すなわち、ありきたりな言い回しを止めるところから始めなければならない。そして、クリシェの廃棄は、アーキタイプの形成という効果をもたらす。使い物にならないガラクタのことばは廃棄され、堆積し、それを生み出してきたアーキタイプに注意が誘導される。この段階では、ドライバーはまだ前方を見ていない。バックミラーから目を離した後、目を閉じたまま車を走らせるような危険な状態が続く。

「探索の原理」——第二段階

第二段階は、前方を見る準備を整える過程である。この過程は、ガラクタ市に並ぶ使い古されたことばに価値を認めるところから始まる。

「新しいことばへの欲求に突き動かされた者は、ガラクタ市に足繁く通うようになる」(McLuhan & Watson 1970: 126)。なぜなら、「言語における創造的プロセスの糧になるのは、使い古されて廃棄されたことば」(McLuhan & Watson 1970: 127) だからである。第一段階では、使い古されたことばを廃棄することでことばのループが停止してアーキタイプが形成された。第二段階では、廃棄されたことばが一転して、言語における創造的プロセスの糧と見做されるようになる。言語における創造的プロセスとは、新しいことばの創造を指す。マクルーハンは、ことばで記述できない状態を不可視とし、そのような状態をバックミラーのメタファーで表現した。不可視の原因をことばの古さに帰属させたマクルーハンは、可視化の切り札をことばの新しさに求めた。

次の引用は、言語における創造のプロセスをより具体的に描写したものである。「詩作とは、内なるアーキタイプへ下降し、そこに堆く積まれた瓦礫の山からことばを回収して磨き直す作業の繰り返しである」(McLuhan & Watson 1970: 125–126)。新しいことばを求める者がガラクタ市を訪れるのは、新しいことばがガラクタを糧に創造されるからである。新しいことばを手に入れたければ、瓦礫の山から使い古されたことばを回収して磨き直せばよい。マクルーハンにとっての詩作は、新しいことばを手にすることであり、新しいことばは、過去のことばを磨き直す作業によってのみもたらされるのである。

詩作とは、使い古されたことばを新しくする作業であり、新しいことばを手にした者に詩人の資格が付与される。詩人になろうとする者は、新しいことばを希求するだけでなく、古いことばが雑然と並ぶガラクタ市に通い詰め、散在することばを回収して磨き直す作業に倦まず従事しなければならない。前方の景色の可視化をことばの問題に還元したマクルーハンは、可視化の企てを遂行できる者の条件に詩人たることをあげた。詩作のイメージの開示は、マクルーハンが詩人を自任し、詩作の実践を自らに課した証なのである。学際研究を通じて形成されたメディア研究の理論は、マクルーハンの出自に相応しい、きわめて人文科学的な詩論をその核にしていた。

バックミラーから目を離した後、目を閉じて運転を続けていたドライバーは、今まさに目を開けようとしている。前方には現在の景色が広がっているはずだ。マクルーハンは、アーキタイプを探索する内省の過程を経て新しいことばを手にした者だけに、それを使って前方の環境を分節し、その景色を記述することができると考えたのである。

しかし、アーキタイプでの磨き直しの作業は、ことばの新しさを絶対的に保証するものではない。ことばの新しさが思い込みだったとき、フロントガラス越しには何も見えないだろう。そして、知らず知らずのうちにバックミラーに視線を誘われ、その中の景色を前方の景色と勘違いする事態に陥ってしまうだろう。ことばの新しさがまがい物である危険だけでなく、まがい物であることに気づかない危険に自覚的だったマクルーハンは、「探索の原理」に、ある仕掛けを組み込んだ。最後の第三段階では、新しさの真偽を審判し、危険を回避する仕掛けが開示される。

「探索の原理」——第三段階

ガラクタ市に通いつめ、無秩序に積み上げられたことばを整理したり忘れ去られたことばを想起したりしながら、使えそうなことばを回収して磨き直す。この作業を通じて、ある者は、現在のメディア状況を記述する力を持つ新しいことばを手にしたと確信する。しかし、この時点では、ことばの新しさには何の裏づけもない。そこでマクルーハンは、新しい（と見込まれる）ことばを、声や文字にして外部に向かって言い表し（言挙げし）、その新しさの真偽を確かめる過程が必要だと考えた。

前記の引用をもう一度見てみよう。「手が、その延長物によって物理的環境を探索 probe し、形成するように、魂、または心は、その延長物、つまりことばによって人工物の人工的環境とアーキタイプを探索、整理、想起する」(McLuhan & Watson 1970: 150)。使用されているときの道具は、それを使う者の身体を空間的に延長し、身体の一部として対象に触れている。「探索の原理」の言挙げも、医師や歯科医師が探り針 probe で体内を探索する様子を範例にしている。マクルーハンは、探り針が身体の延長物になるように、ことばが心の延長物になるようにして、環境を探索してみなければならないと考えたのである。

ドライバーの目は、今や前に向いて見開かれている。新しいことばを駆るドライバーには、しばらくは前方の景色が見えるだろう。しかし、鮮明な景色はやがて暗転し、次第に見えなくなる。ことばの新しさがもたらした視界は、新しさが色褪せるにつれて失われるのが道理なのだから。安全な運転を実現するには、ことばの新しさによってメディア環境という前景の理解を絶えず更新し、その理解に基づいて自動車を制御し続けることが要求されるのである。

詩人を自任する者は、第三段階の「探索」で、ことばの新しさがまがい物であることが暴露される危険を冒さなければならない。そして、ことばの新しさが確かめられたとしても、その新しさがすぐに古ぼけることを覚悟しなければならない。いかなることばも廃棄される運命にある。こうして、「探索の原理」は一巡する。ことばの廃棄をためらわず、ガラクタ市のあるアーキタイプへの

図11

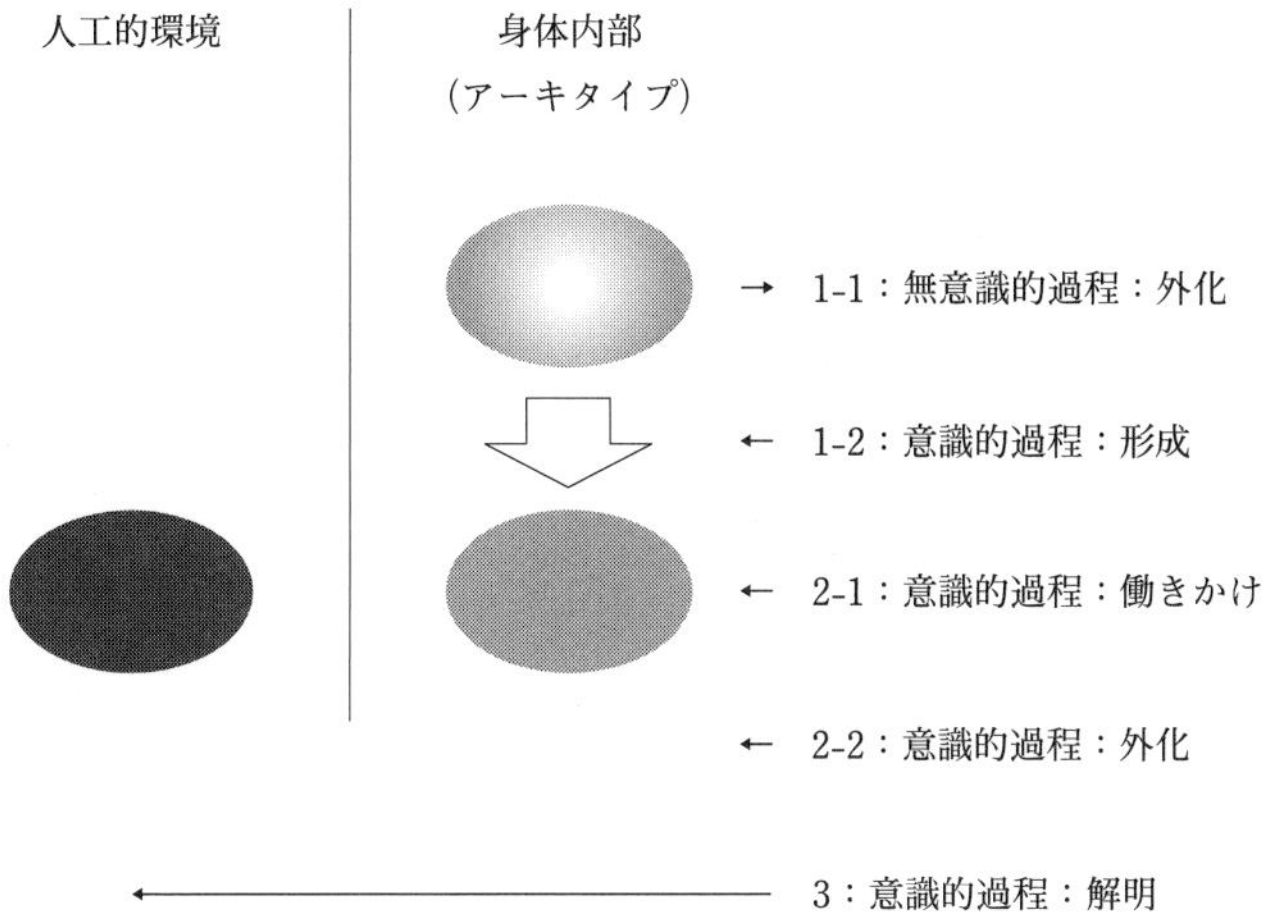

；第一段階：1-1，1-2
；第二段階：2-1，2-2
；第三段階：3

下降を楽しむ者だけが、詩人の資格を保持し続けるのである。

「探索の原理」の三段階を図示すると図11のようになる。楕円に注目すると逆Lの運動をして不可知の外界の解明に至る。

ここまでの議論をエクステンションの観点からまとめておこう。第一段階がカップ流の無意識な外化の概念で形成されていたのに対し、第二段階はヒポクラテス流の意識的な外化で形成されていた。そして、拡張とも外化とも違う、延長によって第三段階が締めくくられていた。「探索の原理」は、外化によって大枠を形成し、延長が掉尾を飾る理論、とまとめられる。人工物のポジティヴフィードバックに機能の拡張という要素があることを考え合わせると、マクルーハンの理論には、三つのエクステンションが共存していると言える。マクルーハン自身が三つの意味を明確に規定しなかったとしても、その作品に残された断片からは三つの意味を分節することが可能であり、また、三つの意味に分節することでその作品を論理的に読むことが可能になった。

マクルーハンのメディア研究は、三つのエクステンションで形成されている点で、きわめて特異な理論だと言える。とはいえ、メディア研究のもう一つの重要な特徴を見落としてはならない。それは、メディアとことばの並置論である。この特徴は、エクステンションの系譜の中でマクルーハンの思想をユニークなものにするだけでなく、理論形成の核心でもあった。

マクルーハンは、『グーテンベルクの銀河系』以来、ことあるごとに、道具や機械などのいわゆるメディアだけでなく、内心の表出である発話や文字などのことばが、メディア研究の対象になると述べてきた[13]。この発言の意義は、単にメディアの外延をことばに拡大することにあるのではない。形のある人工物をメディアと考える先入観を持つと、メディアのカテゴリーにことばを編入したという印象を持ち、結果的にことばがメディアに従属するとの思い込みにつながる。しかし、ポジティヴフィードバックループの停止の方法から分かるように、マクルーハンはことばとメディアに同一性の資格を与えていた。「探索の原理」でも、道具による物理的環境の探索がことばによる人工的環境の探索に並置されていたことを思い出してほしい。マクルーハンの理論では、たとえば、メディアとしての自動車の理解は、実際に自動車を走らせる行為ではなく、自動車に関することばを言挙げする行為によってもたらされる。人工的環境とは、自動車と自動車以外のメディアによって形成される環境ではなく、自動車に関することばとそれ以外のことばによって形成される環境を指すのである。マクルーハンの言う人工的環境とは、言語空間に他ならない。前方に開ける視界は、ことばが分節する環境、あるいはことばによって見えてくる景色なのである。

自動車を運転する行為が走行や操縦性能などの自動車の特性とともに、路面の状況や道幅、道路を囲む左右の建物など、消失点に至る環境の特性を明らかにするように、自動車に関することばも、それが本当に新しいものであるならば、自動車の特性を、それが置かれる言語空間の総体とともに明らかにする。他方、ことばの新しさがまがい物のときには、そのような効果は生じない。目にした景色が前方に広がる現在のものなのか、あるいはバックミラーの中の過去のものなのか。それは最終的にことばを使ってみることでしか確かめられない。これが、マクルーハンの結論だった。(14)

さて、マクルーハンがフィードフォーワードの語をきっかけに「探索の原理」と「判断中止」を同時に想起したことを勘案すると、メディア研究のねらいがメディアの理解の先にあったと考えるのが自然である。「判断中止」が現在の入力情報から未来の行動に及ぼす影響を予測し、その影響を前もって打ち消す技法だとすれば、「探索の原理」にも、メディアとメディア環境を理解した後、その情報をフィードバックして何らかの制御を行う過程があっておかしくない。実際、「メディアはメッセージ」の言挙げは「メッセージはメッセージ」の通念を転倒し、世界はメディアの働きに注目するようになった。ここにマクルーハンによる制御が認められる。「メディアはメッセージ」の効果は、その新しさで読み手にメディアの理解をもたらした後、読み手がメディアへの対処を変えることまでを含んでいたと考えるべきだろう。こう考えると、バックミラーのメタファーの自動車がかなり自由に移動する手段に見えてくる。

「探索の原理」――理論と実践

「探索の原理」が理論として完成するには、一九七〇年の『クリシェからアーキタイプへ』を俟たなければならなかったが、探索の実践はメディア研究とともに始まっていた。たとえば、「メディアはメッセージ」は探索の実践の一つに他ならない。マクルーハンがこのテーゼを新しいことばとして言挙げした背景に、シャノンとウィーヴァーの通信モデルの一般化という状況があったことはすでに述べた通りである。メッセージとシグナルの正しい変換を前提にするモデルでは、「メッセージは（＝）メッセージ」の等式が前提で、メッセージへの干渉はすべてノイズと見做される。通信モデルにおけるメディアは、「メッセージはメッセージ」の等式を保証する要因であるために、正常な状態ではそれ自体のメッセージ性を持たず、変換に異常が生じたときに限りノイズの発生源として問題になる。「メッセージはメッセージ」であるために、「メディアはメッセージではない」。このような状況に対し、マクルーハンは、「メディアはメッセージ」で、メディアが変換を保証する透明な存在ではなく固有のメッセージ性を持つということを表現した。「メディアはメッセージ」

とは、「メディアはメッセージではない」というクリシェを廃棄することでアーキタイプから持ち帰った新しいことばだったのである。

一九六〇年代半ばまでのマクルーハンは、「メディアはメッセージ」を使ってメディア環境を探索し続けた。しかし探索の道具としての「メディアはメッセージ」は、早晩マクルーハン自身の手で廃棄される運命にあった。マクルーハンによれば、文字の発明以降の視覚的な西洋文明は印刷技術の時代を経て視覚偏重の傾向に拍車が掛かり、他の感覚をますます抑圧するようになった。マクルーハンは、電信の発明をきっかけに新しい時代が到来し、文字の以前の全感覚的、触覚的時代に回帰してゆくという予測をもとに「メディアはメッセージ」を廃棄し、メディアのメッセージが触覚的なものであることを表現する「メディアはマッサージ」を言挙げする。こうして一九六七年に『メディアはマッサージである』（*The Medium is the Massage*）が上梓された。また、一九六九年の『カウンターブラスト』（*Counterblast*）では、これまでに発明されてきた数多くのメディアが散在しているメディア環境と、そこから及ぼされるメッセージの乱雑さを表現する“The medium is the mess age”（「メディアは収拾のつかない時代」）が登場する。[15] このようにしてマクルーハンは生涯に渡り饒舌にことばを発し続けた。

ことばの新しさを信条にしたマクルーハンの詩の実践に疑問を投げかける者はいる。レヴィンソン（Levinson, P. 一九四七年〜）は、「新しいメディアと折り合いをつけ、快適に過ごすための手助けをする」（Levinson 1999＝2002: 290）というバックミラーの働きを指摘した上で、このメタファーが「新しいメディアと過去のメディアとの相違点を目隠ししてしまう」(Levinson 1999＝2002: 290) 危険性を持つことを指摘する。そして、バックミラーのメタファーを創造したマクルーハン自身がその陥穽にはまったと主張する。「例えば、彼のグローバル・ヴィレッジ Global Village という概念もまた、もちろんそれ自体がバックミラーだ。つまり、新しい電子メディアの世界を古い村（ヴィレッジ）の世界を参考にすることによって理解しようという試みだった」(Levinson 1999＝2002: 288)。レヴィンソンは、「メタファーに依存するマクルーハンにとって、バックミラーは研究の原動力となる不可避的な機構になってしまった」(Levinson 1999＝2002: 288–289) と結論し、次のように述べる。「となると私たちの問題は、バックミラーを元の自動車の環境に戻して考えると、いつバックミラーを見るのを止めて眼前の道路を見るのかを知ることにある」(Levinson 1999＝2002: 291)。マクルーハンのことばの「新しさ」の質を問題にするならば、新しいことばを使った探索によるメディア環境の記述に失敗したことを理由にマクルーハンの「詩人」の資格に疑問を呈することは可能だろう。しかし、「バックミラーを見るのを止めて眼前の道路を見」よ、というレヴィンソンの提言は、マクルーハンの「探索」の原理の主題がバックミラーから目を離して、眼前に広がる景色を見ることにあった点を見落としており、マクルーハンの理論に対する批判としては的外れと言うべきである。

（1） McLuhan（1967（1951）: 15）

（2） Giedion（1948＝1990: 695）

（3） Bernard（1865＝1938: 26）に該当。

（4）『探究』の寄稿者でマクルーハンのメディア研究に影響を与えた人物としてはイニスの名前がしばしばあがるが、身体を基準に発明をエクステンションとして捉える発想が認められないため、本書では割愛した。ことエクステンションに関して言えば、イニスの用法は、たとえば、「(文字の発明が古代政府の統治力を）拡大した」（Innis 2007（1950）: 30）や「新聞の拡大」（Innis 1964（1951）: 28）、「義務教育の拡大」（Innis 1964（1951）: 28）など極めて一般的なものにとどまる。マクルーハンのイニス評は、『コミュニケーションの偏向』（*The Bias of Communication*, 1951）の再版に寄せた「緒言」（McLuhan 1964c）が有名である。マクルーハンが「緒言」に似つかわしくないほどイニスを厳しく批判した背景については今後検討すべきだろう。

（5） McLuhan（1968a: 121）

（6） McLuhan（1997（1962）: 5）

（7） 三枝によれば、カップやカップの影響を受けたノワレは、道具よりも知性が先行することでよりよい道具が工夫され使われるようになったという歴史観を否定し、道具とことばの外化が同時期に起こったという説を展開した（三枝 1977: 305–306）。ここにも、外化における物質と表象の並行性の一種を見ることができるが、この並行性には発明時期の同一性以上の意味はない。

（8） たとえば、McLuhan（1968a: 121）, McLuhan & Fiore（1968: 18）。とはいえ、バックミラーのメタファー以前にも、マクルーハンの記述にこのモチーフがあったことも明記しておく必要があるだろう。「ウィンダム・ルイスはこう言った。『芸術家は、現在の不安定な可能性を見通すことができるので、未来についての詳細な歴史を書く仕事に従事する』。ほとんどの人たちはこれまでの経験から導かれる想定の蓄積に妨げられて、現在の経験を取り入れることができない。だから、芸術家は、自分の目の前にあるものを正確に見ることができる文字通りの預言者の役目を担うのである」(McLuhan 1960: 23)。

（9）McLuhan（1965＝1966: 40–58）

（10）桝田の訳注によれば、出典は『キルケゴールの日記』の以下の記述である。「哲学者たちが指摘するように、生は後方に向かって理解されねばならない、というのはまったくほんとうだ。しかし、彼らは、生は前方に向かって生きられねばならない、というもう一方の命題を忘れている」(James 1912＝1978: 118, 224)。映画『マクルーハンズ・ウェイク』(*McLuhan's Wake*, 2002) でも、この文脈でキルケゴール (Kierkegaard, S. 一八一三〜一八五五年) への言及がある。ちなみに、ジェイムズが言及したヘフディング (Höffding, H. 一八四三〜一九三一年) の記述（一九〇五年）は、別著 (Höffding 1922＝1935: 70–71) でも確認できる。

（11）「前方を見る」ことを提唱する議論としては、ジェイムズとマクルーハン以外に、アンダーソン (Anderson, B. 一九三六年〜) のもの (Anderson 2006: 161–162) があげられる。

（12）McLuhan（1972（1970): 290); McLuhan & Watson（1970: 164); McLuhan（1972: 16, 64）

（13）McLuhan（1997（1962): 5）

（14）「探索の原理」については別稿（柴田　2011b）も参照されたい。

（15）McLuhan（1969a: 23). また、別の箇所 (McLuhan 1968c: 9) では“The medium is the message”の三つの言い換え（“The medium is the massage”「メディアはマッサージ」、“The medium is the mass age”「メディアは大衆の時代」、“The medium is the mess age”「メディアは収拾のつかない時代」）が見られる。

第4章　「探索の原理」の意義

『機械の花嫁』以降の成長過程から、ひとまず「探索の原理」をメディア研究の完成形と見做して問題ないだろう。この章では、これまでの論考の過程で生じたいくつかの疑問点をもとに「探索の原理」の意義を考えてみたい。その上で、「探索の原理」以後の展開を概観し、再度、マクルーハンの思想における「探索の原理」の意義を考えたい。

「探索の原理」におけるメディアとことば

メディアとことばの並行論は、ポジティヴフィードバックのループを停止する際に重要な役割を果たした。そして、「探索の原理」はその第一段階から第三段階に至るすべての工程を通じてこの並行論を前提に構成されていた。ループはつねにメディアとことばの二本立てで考えられており、探索の対象の環境にも、メディアによって形成される物理的環境とことばによって形成される人工的環境が並存していた。

メディアとことばの関係について、もう少し詳しく見てみよう。『グーテンベルクの銀河系』には、道具や機械を人間の内的機能を外化したもの（たとえば、車輪は足の機能の外化）と規定した上で、内的な感覚の表出である言語や発話も、道具類と同様にメディア研究の対象になると述べた箇所があった[1]。道具との共通性をもとに、ことばがメディア研究の対象になることが書かれているため、この記述は、ことばが道具に準ずるかの印象を与える。メディア研究がすべての人工物を対象にすることを考え合わせると、人工物のカテゴリーに後からことばが編入されたかのように解釈できる。しかし、理論の発達過程を顧みるならば、マクルーハンはむしろことばの方に特権的な地位を付与し、ことばを中心にメディア研究を進めていた。

ことばが特権的な地位にあることは、「探索の原理」が終局的にことばによる探索であることに象徴されているが、ことばを発明の一つとして捉え直してみると容易に理解できる。発明としてみた場合、ことばはこれまで発明されてきた人工物の一つに過ぎない。しかし、「探索の原理」において、ことばは単独でことば以外のすべての人工物と並置され、単独でループを形成するものと考えられている。ことばとは、すべての人工物の代理をできる唯一の人工物なのである。

道具による物理的環境の探索に並置されるのは、道具による人工的環境の探索ではなく、ことばによる人工的環境の探索である。たとえば、自動車というメディアの理解は、自動車を実際に走らせる行為に代わって、自動車に関する新しいことばを言挙げする行為によってもたらされる。そもそもマクルーハンのいう人工的環境は、自動車に関することば以外のことばが形成する環境の意味である。ドライバーが前方に見るのは、ことばが分節した環境、あるいはことばによって見えてくる景色なのだ。

知覚論の観点から評価するならば、マクルーハンは、メディウムが使用される外的環境を直接記述できないとする間接知覚論者ということになるだろう。マクルーハンの理論を同時代の直接知覚論と比較する作業は、たとえば、今後メディア研究を知覚論の方向に展開する場合には積極的な意味を見出せるかもしれない。また、その著書を一九六〇年代の知識人の認識論のアーカイヴとして取り扱うこともできる。しかし、間接知覚論の枠で捉える限り、マクルーハンの思想には凡庸な一例以上の意義は認められない。

事実、マクルーハンは三つの段階からなる「迂遠な手続き」を経て「探索の原理」を完成させた。角を矯めて牛を殺す愚行を避けるには、マクルーハンが「迂遠な手続き」を選択した理由、または並行論を採用するにあたって参照した思想を特定し、そこからマクルーハンの思想の意義を考察するのが妥当だろう。

『クリシェからアーキタイプへ』に先立つ著作で、マクルーハンは、アーキタイプの解明がメディア環境の解明の手順として正統であること、およびメディアとことばの並行関係を正当化する根拠について書いている。「内部医学 interior medicine の先駆者であるフランスのクロード・ベルナールは、一世紀前の一八六八年にアカデミー＝フランセーズの会員に選出された。彼の**内部環境** *le milieu intérieur* の用語は、ちょうどフランスの象徴主義者たちが**心象風景** *le paysage intérieur* の用語を発明した時期につくられた。ロマン主義詩人たちの外部風景 external landscape に取って代わったこの内部風景 interior landscape は、あたかも入念にプログラムされたティーチングマシンだった」(McLuhan 1968a: 115)。[2] ロマン主義の特徴を、外的世界と内的世界を対置し、後者の描写に焦点を移した点にあると大雑把に捉えれば、引用中の「ロマン主義詩人たちの外部風景」はひとまず内的世界を前提していることが分かる。マクルーハンによれば、象徴主義の特徴は、ロマン主義の外部風景の位置に心象風景＝内部風景を置いたところ、すなわち内的世界に内部風景を対置したところにある。その上で、内部風景がティーチングマシンとして学習を支援する機能を果たすと書いている。[3] やや図式的に整理すると、ロマン主義が内的世界をもっぱら外的世界の描写によって表現したのに対し、フランスから始まった象徴主義は内的世界の表現に外的世界の描写を用いる代わりに、象徴的な内部風景を用いることを宣言した。

では、なぜ内的世界を象徴する内部風景がティーチングマシンになるのだろうか。逆に言うと、ロマン主義の外部風景はなぜティーチングマシンにならないのだろうか。ロマン主義にせよ象徴主義にせよ、描写の対象は内的世界である。いずれの場合も、内的世界とは明かされぬ領域であり、明かし尽くせぬからこそ表現の対象であり続ける。そのような内的世界を、解明の対象としてのアーキタイプに置き換えてみると、マクルーハンがロマン主義ではなく象徴主義を評価した理由が理解できる。「探索の原理」は、第一段階で、クリシェを廃棄し、クリシェを生み出してきたアーキタイプの解明に焦点を移す。ここでアーキタイプの形成と解明は、外的世界の対応物を用いることなく、廃棄されて内部に積み重なったクリシェを使ったモノローグとして進行する。以後、新しいことばを外にある公共的な言語空間に向けて言挙げする瞬間まで、すべての作業が内的な意識体験において行われる。

マクルーハンは、詩人になろうとする者に、古いことばが雑然と並ぶガラクタ市に通い詰め、散在することばを回収して磨き直す作業に倦まず従事することを求めた。このガラクタ市と詩人はマクルーハン自身の内部風景に他ならない。より正確には、「探索の原理」の全工程が、マクルーハンの意識過程を描写した内部風景なのである。

象徴主義の詩は、マクルーハンにとっては詩作の意識過程を描写するティーチングマシンだった。そして、マクルーハンを読む者にとっては、マクルーハンの詩作過程を追体験するためのティーチングマシンとして機能するだろう。

では、ベルナールの内部環境が象徴主義の心象風景と内部風景に関連づけられているのはなぜだろう。それは、ベルナールの内部環境が、内的世界を内側から描写するのに加え、内的世界と外的世界との対応関係を保証することにより、「人間についての科学」であるメディア研究の理論を一種の内観法によって構築することにお墨付きを与えるものだからである。

ベルナールは、『実験医学序説』（*Introduction à l'étude de la médecine expérimentale*, 1865）で次のように書いている。「この見地（生気論）よりするときは、無生物現象が周囲の物理化学的条件又は影響の必然的結果であるに引き換えて、生物現象はこの独特なる生命力の自発作用によって決定されることになるであろう。併し乍ら一度反省するならば、生物のこの自発性も単なる仮装に過ぎず、矢張り結局は完全に決定せられたる環境の或る機構の結果であることを知るに至るであろう」（Bernard 1865＝1938: 108）。「されば生気論者の如くに、生命現象の条件と物理化学的現象の条件との間に、一種の対立点或いは拮抗を見る代わりに、寧ろこれに反して完全なる並行と直接且つ必然的なる関係を両者の間に認めねばならぬ」（Bernard 1865＝1938: 109）。ベルナールの内部環境論は、生命現象を物理や化学に還元できない法則や原理で説明する生気論を退け、身体内部の環境に外部環境と同じ法則性があることを想定し、科学としての生理学の構築を目的にするものだった。

内部環境と外界の関係をより明確に説明した箇所がある。「昔の科学は外界だけしか考えることが出来なかった。しかし実験的生物化学を建設するためには、更に内界をも併せ考えねばならぬ。生物に対する実験の応用をいっそう明瞭ならしめるために、私は何人にも先んじてこの思想を明瞭にし、且つ固執して来た。他方において又、外界も結局は内界に吸収されてしまうからして、内界の知識は結局外界のすべての影響を知らせることになる」（Bernard 1865＝1943: 163）[4]。ベルナールは、外界のすべての影響が終局的に内界の知識によって説明できると結論した。内観法を科学の一種と認めるならば、内部環境論が、内観を基礎にした理論によってメディア環境の影響を理解するという方向性の追い風になったことは想像に難くない。実際、第三段階の言挙げがまったくの的外れに終わらず、ことばの新しさを確認するための作業であるためには、内的過程で得られたことばの新しさが、予め保証されていなければならないはずである。

ともあれ、「探索の原理」が一種の詩論である以上、マクルーハンの思想の意義は、第一に詩論として評価されるべきだろう。「探索の原理」は詩論としていかなる価値を持つのか。次はこの疑問について考察したい。

詩論としての評価

「探索の原理」は、第三段階で、探り針が環境を探るときの運動をイメージしながら新しいことばを実際に使ってみることの重要性を強調していた。その発想の特異性は、詩論として評価した場合に最も際立つ。

英文学者の深瀬基寛（一八九五〜一九六六年）は、「エリオットの詩学」の中で、ヨーロッパの詩の観念とは、ロマン主義が解釈するような天来の神韻によって発生するものではなく、また霊感のみで成立するものでもなく、批評的精神を伴う合理的な組織化の過程である、と規定した上で、(5)次のように書いている。「それら（一個の単語、一個の形象）が詩人の記憶の海底に深く長く沈められているうちに、いつのまにか詩語としての要求に充分応え得るだけの飽和状態に達し、それが召し出しの声に応じて、水上に浮かび上がり、かくしてそれらの単語と形象とは、まさにその場合の詩的必要に適合するだけの完全な準備状態において、その単語、その形象に内蔵された意味の内包を詩人に提供し、その結果として成立する現象が、『意味の再創造』ということである」（深瀬 1968: 256）。また、「『再創造』ということは自然発生的ではなくして、一つの人為的な『組織化』の過程であり、いわば一種の『詩的合理化』の過程である」（深瀬 1968: 256–257）。

引用中の「記憶の海底からの召し出し」、そして「人為的な『組織化』」は「探索の原理」の「アーキタイプからの外化」を髣髴とさせる。また、深瀬はあえて詩的過程を「再」創造の過程と言っている。その理由が、詩的創造が根本においてメタファーの問題であり[6]、「メタフォアによる新らしい意味の創造とは、実は古き意味の喪失の代償として出現する」（深瀬 1968: 258）ので、厳密な意味での創造ではなく「再創造」[7]だからである。これを考え合わせると、引用の「詩的必要に適合するだけの完全な準備状態」は、「探索の原理」の「（古いことばが）磨き直されて新しくなった状態」に読みかえることもできる。深瀬によって分析された詩の「再創造」過程は、マクルーハンの「探索の原理」の第二段階の第二の過程までと極めて似通っている。

以上から、「探索の原理」を、詩的合理化の説明として評価することも可能だろう。そして、マクルーハンの詩論を深瀬の言うヨーロッパの詩の観念に連なるものと見做すとき、深瀬が説明していない箇所、すなわち、意味の再創造を経た新しいことばの実際の使用を「探索の原理」が最後の過程に加えている点が浮き彫りになる。

未来予測

マクルーハンは、リチャーズ宛の一九六八年の書簡で、「判断中止」と「探索の原理」がフィードフォーワードに相当すると書いていた。『メディアの理解』で「判断中止」を、未来の行動に及ぼす影響を現在の入力情報から予測し、前もって打ち消す技法、と説明していたことを考えると、「判断中止」はフィードフォーワードとほぼ同義と考えてよい。「判断中止」には、未来予測の要素が認められる。では、「判断中止」と同じ文脈で紹介された「探索の原理」も未来予測を含むのだろうか。さらに言えば、「探索の原理」がメディア研究の集大成ならば、「探索の原理」は、『メディアの理解』で明らかになった文化コード論のアポリア、すなわち現在をまとまった一つのコードと捉えることで未来を先取りしてしまう論理上の問題を解消したのだろうか。本書のこれまでの「探索の原理」の考察を補う意味でも、この疑問に答えておく必要がある。

まず、共同研究者だった長男のエリックは、マクルーハンが「未来予測」を行ったという主張に疑義を呈している。「彼（マクルーハン）は、未来を予測しなかったし、しようと試みたこともなかった。この点が、人々を苛立たせた理由の一つだった。彼はこう言ったものだ。『やれやれ、未来予測に大忙しの人たちが大勢いるようだね。未来予測については未来学者や一部の社会学者たちに任せておこう。未来を見るのは彼らの十八番だからね。歴史家たちには過去が気になる。ならば私は一番難しい現在に取り組むことにしよう』」（McLuhan, E. 1997a: 186）。「彼（マクルーハン）が言ったことのすべては、何が起こるかという意味での予測ではなく、今まさに何が起きているかという意味での予測だった」(McLuhan, E. 1997a: 186)。エリックは、マクルーハンが「何が起こるか」という意味ではなく、「今まさに何が起きているか」という意味の未来予測を行ったと証言する。

では、マクルーハンは、エリックの言う意味での未来予測をしたのだろうか。その答は、次の二つの引用に集約されている。「もし本当に未来を知りたいならば、現在を研究しなさい。なぜなら、私たちが通常目にしている現在は、実はバックミラーに映った景色だからです。常日ごろ私たちが現在だと考えているものは、実は過去なのです」(McLuhan (1997) 1967d: 186)。「人々は決して現在を見たがらないものです。彼らはバックミラーの世界に住んでいます。住み慣れたバックミラーの世界は、心地よくて安全だからです」(McLuhan (1997) 1967e: 187)。マクルーハンは、人々が現在だと考えているバックミラーの世界が過ぎ去った過去の景色にすぎないことを喝破したうえで、慣れ親しんだバックミラーから目を離し、本当の現在である前方の景色に目を向けることを提唱した。

バックミラーのメタファーの前方の景色が本当の現在の状況を指すとすれば、前方の景色を見ることは、「今まさに何がおきているか」という意味での未来予測と合致する。マクルーハンは、このような意味での未来予測ができることを「詩人」、または「芸術家」の要件にあげ(8)、詩人たることを自らに課したのである。

マクルーハンが上記の意味での未来予測を行ったのは間違いない。では、文化コード論のアポリアはどのように解消されたのか。マクルーハンのメディア研究が、複数のメディアからの影響を総体として把握するための文化コード論を出発点にしていたことを思い出してほしい。マクルーハンは、メディアの歴史を新しい文化が古い文化をまったく違うものに翻訳する（コード化する）過程として説明した。アルファベットと音声言語の関係を応用した文化コード論は、それを現在に適用するとき、必然的に未来を先取りしてしまう。すなわち、現在は進行中のコード化の過程そのものであり、それをまとまった文化として提示するとき、現在の文化を区切る未来の文化の発明を前提しているからである。「探索の原理」からこのアポリアの解答を導けなければ、文化コード論は放棄されたと考えるしかない。

バックミラーのメタファーは、未来予測に加え、文化コード論を表現する場合にも威力を発揮する。「探索の原理」の第三段階のドライバーは、手が道具を使うときのように自動車を身体の延長として自在に操縦し、自動車の性能とともに風景の変化や路面の肌理などの環境の情報を探索している。実際に自動車を運転すれば分かるが、前方の景色は、遮蔽の向こう側や消失点の先に広がる未来の景色によって画定されることで成り立っている。自動車を安全に運転するには、見えている景色に加え、遮蔽の向こう側や消失点の先にある、見えていない風景を予測してハンドルを切ることが要求されるのである。バックミラーのメタファーには、未来を先取りして自動車を制御するドライバーの姿が想定されている。見えている景色を現在、すなわち電子技術時代の文化に重ねれば、見えていない景色は自ずとその先の非電子技術時代を表現するものになっているのである。

「探索」の原理は、二段階の言挙げの準備と、言挙げによる第三段階で構成されていた。第三段階が上記の意味での未来予測であることは確認できた。ここで注意すべきは、「探索の原理」の一連の手順は、一回切りで終結するものではない点である。新しいことば、第三段階でその新しさを確認できた場合でも、使い続けることですぐに古くなってしまう。古くなったことばを使い続けることは自らポジティヴフィードバックの悪循環に囚われることを意味する。そして、古いことばを使い続けることは、「発明」の正当性を疑わしくしてしまうのである。マクルーハンのような方法で悪循環から脱出しようとする者は、古くなったことばを廃棄する地点に絶えず立ち戻り、「探索」の作業を再開することを義務づけられる。マクルーハンが「判断中止」に加え、自らの「探索の原理」をフィードフォワードに仮託したのは、このような終わりのない作業を表現するためだが、その作業には、「発明」の更新も含まれていたと考えるのが妥当である。

「探索の原理」に、ことばの新しさをもとにして現在の文化を先導する「発明」を特定し、コードを画定する作業の繰り返しが含まれていると考えるとき、三つの時代区分も廃棄される可能性と無縁ではないことが分かる。前方の景色が電子技術時代の文化として見えている期間は、案外短いかもしれない。前方の景色が更新されるとき、現在と対照される過去も更新される。「探索の原理」は、そのような無限遡行をアポリアではなく、フィードフォワードループの循環で表現することに成功していると結論できる。

「探索の原理」以後の展開1――テトラッド

一九七〇年の「探索の原理」は、処女作に始まるメディア研究の集大成だった。他方、「探索の原理」をメディア研究の発達の到達点と見做せば、一九七〇という年は、それ以前の思索と一九八〇年のマクルーハンの死に至る期間の思索との分岐点にもなる。

マクルーハンの死後に公刊された『メディアの法則』(*Laws of Media*, 1988) は、一九七〇年代前半以降の研究をまとめたもので[9]、「探索の原理」以降の思索をたどる上で重要な著作と考えられる。同書の序文を担当した共著者のエリックは次のように書いている[10]。「ことばに言い表すこと uttering は、外化 outering (extensions) に他ならない。したがって、メディアはことばのようなものではなく、まさしくことばなのである。父と私は、メディアの言語構造を解明する鍵を発見したのだ」(McLuhan, M. & McLuhan, E. 1988: ix)。エリックの記述は、言い表されたことばは外化された人工物と同等の資格を持つので、メディアの構造の解明はメディアについてのことばの構造の解明に置き換えられる、と要約できる。メディアの理解をことばの問題に還元する姿勢が最後まで変わらなかったことが分かる。では、メディアの理解が「法則」という合理的で普遍的な姿で実現するとき、「探索の原理」はそこにどのように関与するのだろうか。

引用中でエリックが「メディアの言語構造を解明する鍵」と呼ぶのは、「テトラッド tetrad」と名づけられたダイアグラムである[11]。テトラッドは、その名の通り、「増強（拡張）enhancement」、「衰退 obsolescence」、「反転 reversal」、「回復 retrieval」の四次元で構成されている（図12[12]）。

マクルーハンは、「それは何を拡張し、強化 intensify するか？」「それは何を衰退させ、また何

図 12

（説明）　　　　（説明）

増強する　　　　反転する

回復する　　　　衰退させる

（説明）　　　　（説明）

に取って代わるか?」「それはそれを極限まで推し進めたときに何を生み出し、何になる（反転する）か?」「それはかつて衰退した何を回復するか?」の四つの問いによって、当該メディウムを表象する新しいことばが手にできると考えた。[13] たとえば、自動車は、プライバシーを「拡張」し、馬と馬車を「衰退」させ、光り輝く鎧をまとった騎士を「回復」し、状況を交通渋滞と集団的なプライバシーに「反転」させるものと分析される。[14]

　このような「法則」の発見により、「探索の原理」は廃棄されたのだろうか。『メディアの法則』には自動車の他にも数多くのテトラッドの運用例が掲載されている。[15] しかし、それらの知見が暫定的なものに過ぎないとの但し書きから分かるように、[16] マクルーハンは、この本でも、個々のメディアの特性を恒久的に提示することを意図していない。テトラッドで得られた知見が暫定的であるとする言明は、テトラッドと「探索の原理」をつなぐ鍵になっている。適切に運用しさえすれば誰でも新しいことばが手に入るという普遍性を謳う点で、テトラッドにはある種の法則性が認められる。この限りで、テトラッドはメディアの法則と言える。しかし、テトラッドに基づいて言挙げされたことばは、廃棄、すなわちクリシェからアーキタイプへの還流を前提にするものなのである。

メディア研究の最終目標が「メディアの言語構造の解明」であることを前提にすれば、テトラッドが、「探索の原理」の第二段階のアーキタイプから新しいことばを持ち帰る工程に相当するのが分かる。テトラッドとは、新しいことばを手にするための方略に関する成果、すなわち第二段階の精緻化の成果と理解すべきである。

テトラッドは、詩作の方略を抽象化し、合理化の度合いを進めた点でメディアの法則と言えるかもしれない。しかしそれは、「探索の原理」という詩論の一部として評価されるべきものであり、「探索の原理」に代わる理論や法則では決してない。

「探索の原理」以後の展開２——脳研究への接近用

「探索の原理」以降の展開には、テトラッドという詩論の精緻化とは別の方向性の脳研究への接近も見られる。脳研究への傾斜を先導したのは、「外化」の概念だった。

外化の概念をおさらいすると、外化は、カップの器官射影説では、レンズと水晶体の関係に見られるように、体外に投射されたものから内的な身体機構を解明することを主題にしていた。器官射影説が、無意識的に外化したものによる体内の解明だったのに対し、ベルナールを経てヒポクラテスに遡る思想の系譜では、生体に働きかけて意識的に外化を促し、そうして外化したものを手がかりに体内の状態を推測する論理を備えていた。非侵襲的に体内を表象する現代の医療技術が外化の

して医療以外のさまざまな研究にも応用されている。

系譜の直系であることはすでに述べた。とくに脳の画像化は、環境からの影響を可視化する方法として医療以外のさまざまな研究にも応用されている。

「探索の原理」を完成させたマクルーハンは、最新の脳研究の成果を取り入れる方向性を打ち出していた。(17)確かに、一九七〇年以前にもマクルーハンには脳に注目する傾向があった。たとえば、『メディアの理解』では、メディアの影響による感覚比率の攪乱が脳内の調和の喪失状態に置き換えられていた。また、「自己切断」は、身体を切断することでストレス状態から自らを保護するために中枢神経組織が採用する戦略であると解釈され、電信に始まる電気技術は脳を含む中枢神経組織の外化と説明されていた。(18)とはいえ、一九六〇年代の議論は「探索の原理」を構築するために便宜的に脳研究を援用したものだった。これに対し、「探索の原理」以降の議論からは、左右脳局在論に基づいてメディア研究を展開しようとする確固たる姿勢がうかがえる。

「通常、左右二半球は、〈脳梁〉を通じて定常的な対話を行っている。片方が習慣的に支配的である場合を除いて、いずれも他方を自らの地 ground として利用している。いわば、両半球共に他方が持たない独特の情報処理を提供するのである」(McLuhan, M. & McLuhan, E. 1988: 70)。左脳の特性が論理性、逐次性、分析性（以上左脳的特性）にあるのに対し、右脳の特性は、全体性、同時性、総合性にある。(19)論理的な情報処理が必要な場合には右脳が「地」になり、論理性を受け持つ左脳を「図化」される。逆に、全体的な情報処理が必要な場合には、全体的情報処理を担う右脳を「図」化させるために、左脳が「地」の役割を果たす。ここからマクルーハンは、脳内のミクロな

「図—地」の反転に基づく局在論をマクロな文化論に敷衍し、西欧文化の特性を再規定しようと試みる。[20] アルファベットは、それ自体意味を持たない音標文字（表音文字）の逐次的配列によって意味を伝達する特性がある。したがって、アルファベットの使用には、脳の左半球の活動を促進する作用がある。[21] アルファベットの発明に端を発する左半球の優位は、本を大量生産する活版印刷技術の登場によって増強され、西欧社会に一層強固な左脳文化をもたらした。マクルーハンによれば、西欧文化圏の人々は、恒常的に、線状性、逐次性という入力刺激を受け続け、その結果、その脳内では「図」と「地」の反転をなくすほどの左脳化が進行した。

「探索の原理」以降の脳研究の援用は、外部世界と身体の関係を文化と脳の関係に変換し、後者の関係から、現在の文化を主導する「発明」を電信とする見解を正当化するところに力点が置かれている。「今日のパラドクスは、最も新しい西欧の技術の地が、電子的で同時的なもの、言い換えれば『東洋的』で口頭的なものになっているという点にある。この状況は一世紀以上前の電信に始まる」(McLuhan, M. & McLuhan, E. 1988: 80)。ここでは、左右脳の関係を表現していた「図—地」のゲシュタルトが文化に敷衍され、新しい技術が古い技術を図化させる「地」と言いあらわされている。最新の西欧の技術が「地」となることで、これまでの技術は「図」として現れる。その際、図化した古い技術の特性が左脳的な逐次性にあることから、「地」となった新しい技術の特性は、左右半球の相反的な特性に照らし合わせて右脳的な同時性に求められる。今日の状況を形成しつつある新しい技術の特性が全体性、同時性、総合性にあることから、現在はその特性を表象する電気技術の時代、そして、電気技術の先駆けの電信が「発明」に認定されることになるのである。

このような文化論の難点は、まさに、文化と脳の間に写像関係を想定するところである。当初から脳研究の専門家が指摘していたように、先にあげた左右半球の対照的な特徴、すなわち左脳的論理性、逐次性、分析性と、右脳的全体性、同時性、総合性という特徴のうち、論理性と全体性、分析性と総合性、西洋的と東洋的の対照には、実験的証拠が存在しない。[22]実験的証拠がない特徴に基づいて文化の特性を説明する手法は科学的には論外である。ミクロな脳研究をマクロな文化論に敷衍する手法にも大きな飛躍があると言わざるをえない。人工物を使用する際の脳の動的な変化を記述できる技術が開発された今日、メディア研究は脳科学の一部門として展開できるだろうか。マクルーハンが晩年、そのような可能性を信じていたことだけは確かである。[23]

註

（1）McLuhan（1997（1962）: 5）

（2）別の著作にも同様の記述がある。「一九世紀半ばに活躍したクロード・ベルナールは『内部環境』を理解した最初の医学者だった。彼は身体を外的対象ではなく、内的風景と見做した。これはまさに前衛画家や詩人たちがしたのと同じことだった」（McLuhan 1972（1970）: 180）。

（3）ティーチングマシンとは、学習効果を高めるために、学習者毎のプログラムに基づいて自動的に資料を提示する装置である。行動主義心理学のスキナー（Skinner, B.F. 一九〇四〜一九九〇年）が考案し、一九五〇年代に実用化された。

（4）『実験医学序説』の抄訳（Bernard 1865＝1943）を使用した。Bernard（1865＝1938: 131）に相当。

（5）深瀬（1968: 256–259）

（6）深瀬（1968: 257）

（7）深瀬（1968: 258）

（8）「芸術家とはカテゴリーではなく、私たちのすべてが担うべき機能です。芸術とは探索 probe です。どの時代でも現在を見る勇気のある人だけが芸術家なのです」（McLuhan 1969b: 18）。

（9）宮澤によれば一九七三年（Gordon & Willmarth 1997＝2001: 209）。

（10）『メディアの法則』と同じくマクルーハンの晩年の思索をまとめ、やはりマクルーハンの死後に公刊された著作に、『地球村』（*The Global Village*, 1989）がある。同書の共著者のパワーズ（Powers, B.R. 一九二七〜二〇一二年）によれば、一九七六年に執筆が始まり、完成したのは一九八四年だった（McLuhan & Powers 1989: xi, xiii）。二つの著作はかなりの部分が重複する。以下、本書で引用する箇所については二つの著作に差がなかったため、主に『メディアの法則』からの箇所を記す。

（11）McLuhan, M. & McLuhan, E.（1988: 129–130）

（12）McLuhan, M. & McLuhan, E.（1988: 129）

（13）McLuhan, M. & McLuhan, E.（1988: 7）

（14）McLuhan, M. & McLuhan, E.（1988: 148）. 同じ分析は『地球村』（McLuhan & Powers, 1989: 175）にもある。

（15）McLuhan, M. & McLuhan, E.（1988: 131–214）

（16）McLuhan, M. & McLuhan, E.（1988: 129）.

（17）マクルーハンが本格的に脳研究の援用に着手したのは一九六七年以降とされている（Marchand

1989: 245–246)

(18)　McLuhan (1964a: 247)

(19)　McLuhan, M. & McLuhan, E. (1988: 68)

(20)　McLuhan, M. & McLuhan, E. (1988: 180). マクルーハンが最も影響を受けた心理学説としてゲシュタルト心理学を挙げる者 (Carey 1969: 294–295) もいるが、マクルーハンによる援用が一貫して「図と地」の知見にとどまっていることから、ゲシュタルト心理学一般というよりもルビン (Rubin, E. 一八八六～一九五一年) の影響とするのが適当であろう。ルビン以外の心理学者として、生態心理学のバーカー (Barker, R. 一九〇三～一九九〇年) に興味を持っていたことを示す記述が残っている (McLuhan 1976: 263)。

(21)　McLuhan, M. & McLuhan, E. (1988: 70). マクルーハンの後継者の一人とされるドゥ・ケルコフ (de Kerckhove, D. 一九四四年～) は、このような脳研究を継承する (de Kerckhove 1995＝1999: 33 以下)。

(22)　スプリンガーら (Springer & Deutsch 1993＝1997: 324–327) を見よ。

(23)　オングも口承文化の研究における左右脳局在論の将来性に言及している (Ong 2002 (1982): 29–30)。

第Ⅲ部　エクステンションとマクルーハンのメディア論

第Ⅲ部では、マクルーハンに対する議論のうち、とくにエクステンションに基づくものを取り上げ、それらの議論の正統性、および正当性の考察を通して、マクルーハンの理論の独創性の如何を評価する。

第5章　エクステンションの系譜学では、エクステンションという概念の意味と系譜を整理し、エクステンションの三つの系譜というより広い文脈で、マクルーハンの理論を考察しておきたい。この章で整理する三つの系譜は、マクルーハンに対する議論の質を判断する上でも大いに役立つはずである。第6章　マクルーハンをめぐる論争では、まず、先取権論争の当事者だったホールとフラーの議論について、両者の理論的発達を概観しながら考察する。次に、先取権論争を前提にしたマクルーハン研究の議論を傾向に応じていくつかのカテゴリーに分類した上で、それぞれの問題点を指摘する。

第5章　エクステンションの系譜学

この章では、マクルーハン研究から一旦離れ、エクステンションを三つの系譜に沿って整理する作業を行う。はじめに、エクステンションに関する先行研究を紹介し、各系譜の特徴を整理する。つぎに、各系譜の代表的な議論を取り上げ、その用法を検証する。そこでは、それぞれの意味を正確に分節して使うことがいかに難しいかが分かるだろう。以上を踏まえて、主に技術思想の観点から、マクルーハンの理論の独創性について考える。

坂本賢三の功績

「拡張」「外化」「延長」の語を最初に使い分けたのは、史的研究を中心に技術哲学に多くの足跡を残した坂本賢三である。

坂本は、『機械の現象学』で次のように書いている。「人間はまず手の働きを外化した。手の単なる延長だけではなく、人間の外のものとして自立的に働くようにしてきた。ついで身体を移動する足の働きを外化した。自転車のように、踏むことによって速く軽く移動できるようにしただけでなく、足を踏まなくても動ける機械をつくってきた。こうして目の働き、耳の働き、脳髄の働きさえも外化し、自立させてきたのである。だから、内容において、働きにおいて、機械は人間の拡大であり、拡張され、巨大化された人間であるが、形式においてそれは非人間的であり、人間にとって他者である」（坂本 1975: 172–173）。

引用中には、「外化」「延長」「拡張」の語が確認できる。坂本自身は明示的に書いていないが、これらがエクステンションの訳し分けだと考える根拠は、坂本による「外化」の説明にある。坂本は、同書で「そとのものに」なることを「外化」と呼び、それがドイツ語の“Entäußerung”の訳語であると述べた上で(1)、カップの“Projektion”および“Entwurf”に相当すると書いている。坂本の「外化」がカップの外化に相当するならば、本書のこれまでの考察からマクルーハンの外化と同一のものと見て問題ない。そして、坂本の「外化」がカップ、およびマクルーハンの外化と同じならば、引用中で、人間の身体を基準にして「外化」と併記されている二つの概念（「延長」と「拡張」）が、それぞれ延長と拡張に相当すると考えても無理は生じない。以上が、明示的に書かれてはいないものの、坂本の「外化」「延長」「拡張」の原語をエクステンションと推定する根拠である。

ところで、坂本は、「外化」がドイツ語源である点に言及するのみで、この概念のカップ以前の出典については明記していない。「延長」と「拡張」に関しては「外化」以上に詳しい言及がない。エクステンションの系譜をたどる作業は、坂本によってこの概念が分節されて以来、まったく進展しなかったと言ってよい。本書は、「外化」に関しては坂本のカップへの言及を手がかりに、「延長」と「拡張」に関しては坂本が分節した意味を手がかりに、三つの系譜を探り当てる作業を行ってきた。この意味で、坂本の仕事の続編の役割を果たす。

三つの意味と系譜をまとめておこう。

外化は、カップの器官射影説に代表される一九世紀後半の技術哲学で盛んに使用された概念である。この概念の特徴は、レンズの発明が眼の機構の解明に寄与した史的事実を例に、人工物の外化を通じて内的な身体機構が解明できると考える点にある。この概念は、内部環境論を唱えたベルナールの文献にも登場するように、医学思想と強い親和性を持つ。実際、ヒポクラテスは、医術の一つとして、息や嘔吐物など、身体から外化したものを手がかりに体内の状態を判断する方法をあげている。外化は、ヒポクラテスを起源にする概念であり、外化したものを通じて、それを産出した母体の構造、さらに人間の思考が解明できる、という論理を持ち、カップを通じて技術哲学の分野に定着したものと考えられる。

延長は、使用時の道具があたかも身体の一部になり、身体を空間的に延長する現象の記述に登場する。メルロー＝ポンティらの道具使用の哲学・心理学説のほか、現在では、ＢＭＩ（brain-machine-interface）等のインターフェイス論に見られる。身体と人工物の境界の移動を記述するこの概念の主題は、身体の領域を画定することにある。身体と物質を区分する二元論から分かるように、「延長」の起源は、コギトを属性とする心と、延長を属性とする身体を分けた後、コギトの支配する延長物＝身体と、コギトのない延長物＝人工物を分離したデカルトにある。「延長」に基づく議論は、基本的にデカルト哲学の問題系にあるが、なかには、延長に定位しながら意識的にデカルトを対象化する議論も存在する。

拡張は、技術による人間の機能の拡張（縮小）を主題にする。この概念は、文字の発明が記憶力に与える影響を考察したプラトンの『パイドロス』のほか、荘子（紀元前四世紀頃）の道具（はねつるべ）による水汲みを拒む老人の一節（『荘子』[2]）にも登場する、技術の考察においては普遍的かつオーソドクスな概念と言える。近年では、一九二〇年代のバナールの記述を皮切りに、一九四〇年後半から六〇年にかけてコンピューターと人間の「共生」を提言したブッシュやラモ、マウスの発案者のエンゲルバートを経て、今日のサイボーグの研究の一翼を担うウォーリックに受け継がれている。これらの議論に共通するのは、身体の器官を人工物が「代行」することで本来の機能が拡張するという論理である。簡単な仕事を機械に代行させ、余力を創造的な仕事に振り分けることで仕事の量と質が増大するという議論も、拡張に分類できる。

三つの概念の起源を求め、現在に至る系譜を描くことの意義は、これらの概念を使う議論の正統性、および正当性を判断するためである。ここでの正統性は、各系譜に固有の論理を伝えていることを、正当性は、固有の論理に加工を加えている場合に、正統な理解を前提にしていることを指すものとする。本書での系譜学は、この意味での正統性と正当性から、エクステンションを使用する思想や議論の意義を判断する。

以下、外化、延長、拡張の順で、代表的な議論を取り上げて評価を与える。代表例としてあげる議論は、いずれも現在まで広く参照されているもので、それ自体が起源であるかのように取り扱われている。この事実は、それらの議論が読者にインスピレーションを与える力を持っている証左ではあるが、本書の系譜学の観点からすれば、論理の混同や不備を指摘せざるをえないケースも少なくない。それらの議論への評価を地とすることにより、マクルーハンの理論の意義は自ずと図化する。

外化

まず、外化を援用した議論から考察するが、外化のカテゴリーから逸脱する議論が多いこと、換言すれば、外化の正統な理解を前提にしていない議論が少なくないことをまず指摘しておかなければならない。多くの事例で、分節が不十分なことによる混同が起きている。以下、延長と拡張に関しても独立の項目を立てて考察を進めるが、同様の理由で、対象とする議論が三つのカテゴリーにきれいに分類できないことを予めことわっておかなければならない。

たとえば、ヴィオー（Viaud, G. 一八九九〜一九六一年）は、ベルクソン（Bergson, H. 一八五九〜

一九四一年）の「ホモ・ファベル」の視点を受け継ぎながら、工具について次のように書いている。「われわれは生来手でつかみ、拳で叩き、爪でひっかく傾向をもっている。もっとも簡単な工具の多くは明らかにこの本能的行為を、もっと容易に且つもっと有効に行うために作られたものである。この考えは、すでに五十余年前にきわめて鋭い哲学者アルフレッド・エスピナスが、その著作『技術の起源』[3]においていわゆる《投影の理論》と名づけて述べている。エスピナス曰く、《本能的に人間は腕を棒に、指を釣り針に、拳を小石に投影したのであろう。》この理論はケーラー[4]によって観察された《猿は棒を使用する前に、まず手の届かないところにある対象に手を伸ばす。猿の持つ棒は手の延長である……》という事実、またA・レイ[5]の述べた《児童が道具を発見する際、次第に物体が四肢にとって代わるようになる》という事実とよく一致している。われわれも工具についてエスピナスに匹敵するなんらの理論も持ち合わせていない」（Viaud 1946＝1963: 61–62）。系譜学の成果をもとにヴィオーの引用を分析すれば、エスピナス（Espinas, A. 一八四四～一九二二年）の「投影の理論」は外化に、ケーラー（Köhler, W. 一八八七～一九六七年）の観察は延長に、レイ（Rey, A. 一九二八年～）の主張は拡張に定位していると推定できる。と同時に、ヴィオーが三つの異なる系譜をエスピナスの外化の議論に還元してしまうという誤りを犯しているのが分かる。

また、カッシーラー（Cassirer, E. 一八七四～一九四五年）は、「形式と技術」と題した論考の中でカップの外化について記しているが、そこにも混同が見られる。すなわち、「エルンスト・カップは『技術の哲学』で、みずからの器官についての知識は、器官投影という回り道をとおってようやく人間にあたえられるのだという考えを展開しようとした。その際、器官投影ということで彼が理解しているのは、人間の身体のそれぞれの部分は、単に外に向かって活動するばかりでなく、外的に存在するもののうちに、いわば自分自身の似姿を作り上げるのだという事実である。原始的な道具は、どれもみなこのような身体の似姿なのである。それは外的世界の特定の物質的形象に、身体の形式や関係が反映したものである。この意味で手工具は、どれも手そのものの延長 Fortsetzung ないし継続的形成 Fortbildung であり、手そのものが外へ向かって伸びてゆくことであるように思われる」（Cassirer 1985（1930）＝1993: 113–114＝Cassirer 1930: 44）。この記述からは、カッシーラーがカップの外化を延長と混同しているのが分かる。[6] カッシーラーは、カップの『技術の哲学』から「無意識のうちに有機体の視覚器官にならって仕立てた器具から、人間はその名称を、意識的に目の中の光線屈折の本来の発生地つまり水晶体に転用したのである」の箇所を引用し[7]、次のように結論する。「この（形而上学的）基礎づけは、純粋に思弁的な根本想定すなわちショーペンハウアーの意思論やエドゥアルト・ハルトマンの『無意識の哲学』にもとづくものである以上、異論を唱えられて厳しく批判されたのも当然であった」（Cassirer 1985（1930）＝1993: 113–114＝Cassirer 1930: 44）。カップの外化をフォン・ハルトマンとショーペンハウアーに関連づける点は、カンギレム、およびブランと符合していて興味深いが、カッシーラーのカップ理解について言えば、外化と延長を完全に分節できていない問題点が指摘できる。

外化の議論で考察に値するものとしては、何より坂本のものがあげられる。外化の概念の要点は、カップが強調していたように、射影されるのが内なる機構である点にあった。坂本は、カップの理解を前提にこの概念を内なる機能の外化に読み替えた。すなわち、「『人間は意識しないで、その身体の形態、メカニズム、およびそれらの規則を人間の手がつくる製作物へ移すのである』というのがカップの基本的な考えである。この点への注目は非常に大切なことを行っていることになるのであるが、決定的な点でわたしの意見とは異なっている。投射（外化）されるのは『働き』であって器官ではない」（坂本 1975: 166）。坂本の議論は、外化に固有の論理を変更している点で正統ではないが、正統の理解を前提に展開している点で正当な議論と評価できる。

本書は、外化の系譜で最も独創的な議論をした者としてマクルーハンの名前をあげたい。マクルーハンの理論の独創性は、第一に、理論構築において二つの外化を使い分けている点にある。「探索の原理」の第一段階では、自ずと外化したものから内部を解明するカップ流の外化が使われていたのである。そして、第二段階では、意識的な外化によって内部を解明するヒポクラテス流の外化が使われている。第二に、外化されるものを、メディアとことばに分けた点があげられる。X線への言及もあったように、マクルーハンの発想は、ダゴニェらの現代の医療技術の考察を先取するものになっている。第三に、外化を内化と接合し、独自のループでメディアとことばが生成するダイナミズムを描き出した点である。第三の点についてはサイバネティクスからの影響が大きいが、サイバネティクスを参照しつつ、ことばのループを着想し、メディアのループとの並行論を展開した点は、やはり独創的と評価してよいだろう。

坂本にも、「外化」と「延長（内化）」から技術の歴史を説明した記述がある。「握り斧を『作ること』と『使うこと』の中に技術がある。作ることにおいては外的対象への加工であるが、使うことにおいてはすでに手の一部となっている。この場合、できるかぎり身体の一部のごとく使えるように加工が行われるのであって、そこでは人間の能力が対象化される。しかし、身体の一部のごとく使うことによって、外的な自然が主体化される。道具は手となり乗物は足になるのである。つまり、人間は作ることにおいて自己の能力を対象化（外化）し、使うことにおいて他のものを主体化（内化）するのである」（坂本　1987: 28–29）。道具の制作と使用の二義的性質が、外化と内化によって整合的に説明されているが、もちろんここには、マクルーハンの議論にあったような並行論もダイナミズムも見られない。

ちなみに、外化と内化を一組に捉える議論は、マクルーハンの同時代の別の分野にも見られる。知識社会学者のバーガー（Berger, P. 一九二九年～）とルックマン（Luckmann, T. 一九二七年～）は、創造者である人間と創造物である社会的世界の弁証法的関係を説明する際に、外化と内化を用いている。曰く、人間と社会的世界は、人間が創造物を生み出す外化 externalization＝Entäußß、外化された創造物が客観性を獲得する過程である客観化、客観化された社会的世界が再び意識に投げ返される内在化の三つの局面でつながり、循環している。(8) バーガーらが提示した外化と内在化のループは、一見、マクルーハンのそれと類似する。しかし、バーガーらの外化は、客観的世界を創造する意識的な過程であり、外化したものから内部を知ろうとする契機はない。また、バーガーらの外化は、制度等を含む広義の知識の外化であり、内化は、そのような知識が再び意識に内在化することを指す。[9] バーガーらのループは知識の循環を説明するためのもので、それを対象化したり、克服したりすることを意図するものではない。

外化のループ以外に、バーガーらの説明で興味深いのは、外化のループを構想するにあたり、ゲーレン（Gehlen, A. 一九〇四〜一九七六年）を参照したと書いていることである。[10] ゲーレンの議論は、本書の考察からすれば、外化ではなく拡張の系譜に分類できるのである。これについては後で詳しく考察する。

ともあれ、バーガーらの外化も、内部を知ろうとする契機のない点で、系譜学的には傍流と言うべきである。

外化の系譜の本流で独自の議論を展開しているのが、前記のダゴニェである。ダゴニェは、「外化されたもの」の範囲を母体から切り離された人工物や表象に限定せず、界面に拡大する。ダゴニェは界面を、内部を実相、外部を仮相とする二元論を超えて自らの母体を解明するための手がかりを与える存在、と定義する。ダゴニェは、実相と仮相の二元論を超えた現相主義の先駆けとしてダーウィン（Darwin, C. 一八〇九〜一八八二年）の名前をあげる。[11]

延長

外化と比べると、延長、および拡張の概念はより一般的であるため、分野を問わずさまざまな領域から援用例が見つかる。ただし、援用の容易さは、必ずしも二つの系譜にとって幸運なこととは言えない。両者のヴァリエーションの多くが、正統性も正当性もない混同の産物だからである。

ここでは、延長の事例を多くあげることよりも、拡張との混同が起きる理由を考えてみたい。延長は、使用時の道具があたかも身体の一部になり、身体を空間的に延長する現象の記述に使われる。身体と道具の境界の移動を記述するこの概念の主題は、身体の領域を画定することにある。道具は、使用時には身体に付着し、身体そのものになるが、使用していないときには、環境中の遊離物ということになるだろう。身体の付着物になったり遊離物になったりする道具の二面性には、考古学の分野でも注目した者がいる。チャイルド（Childe, V.G. 一八九二〜一九五七年）は、環境に対する防禦物や装備が肉体に備わっていなかった人類が、トラの爪やマンモスの毛皮などの器官の代用として人工物を発明したと考え、人類が、他の動物のように遺伝的に身体に器官を備えていないがゆえに、身体に着けたり外したりできる人工的器官を持つに至ったと論じた(12)。人工物を身体の付着物と考える視点は延長の系譜に定位するものだが、人工物を「代用品」として捉え、肉体本来の機能を増強し、補完するという視点は明らかに拡張を前提にしている。チャイルド自身はこれらの系譜を明らかにする作業は行っていない。そもそも拡張の起源と考えられる『パイドロス』には、道具やリテラシーが身体に恒常的に付着することを前提に議論を進める拡張論者に、一旦付着したものが遊離し、失われる可能性を盾に論駁する縮小論者が対峙するという構図があり、これが延長と拡張を混同させる根本的な原因になったと考えられる。

『パイドロス』に延長の片鱗が見られるとすれば、延長の起源も同書にあり、同根の拡張と別の系譜を形成すると考えるのは無理があるのではないか。そのような反論が当然考えられる。ここで強調したいのは、『パイドロス』の説話では、身体が延長する現象が対象化されていない事実である。テウトは、発明したことばによって身体が延長するとは言っていない。また、タモスは、知恵や記憶力の縮小を身体の空間的縮小によって説明していない。『パイドロス』に見られる延長の片鱗は、『パイドロス』の議論を道具論に敷衍する際に起きる。延長と拡張の重なり合いは、『パイドロス』を受け入れる道具論が、身体の伸張という現象を前提にすることで生じる。いわば、延長の系譜以後の目で見ることに由来する幻影なのである。

延長と拡張の混同は、両概念の特性を失わせ、二つの概念を併記するだけに終わる場合が多い。その代表例が、ベルクソンの議論である。「もし吾々の器官が自然的道具であるならば、吾々の道具は人工的器官である。労働者の仕事道具は彼の腕の続きである。それ故、人類の用具はその身体の延長 une prolongement des son crops である。このように、自然は、本質的に製作的な知性を吾々に賦与することに依って、吾々のためにある拡大 agrandissement を準備していたのである。ところが、石油や石炭や水力電気で動くところの、そして幾百万年の間蓄積されたポテンシァル・エナジーを運動に変ずるところの機械が吾々の器官に与えた延長 extension は広大 vaste であり能力は恐るべきものであって元来の大きさや力とは比例を絶するものであったところを見ても、人間という種の構造のプランにはそれらのことが確かに一つも予見されていなかったと思われる」

(Bergson 1932: 330＝1967: 391)。引用からは、道具と機械がともに器官の「延長(prolongement, extension)」であることと、機械による「拡張」の規模と力が道具による「拡張(agrandissement)」を遥かに凌ぐ「広大な(vaste)」ものであり、「人間という種の構造のプラン」を逸脱したものであることは分かる。しかし、機械の効果をそのように評価する根拠は一切示されていない。

道具使用の様態を記述する延長には、使用時と、非使用時の身体を比較する視点を含む。道具や機械の効果を延長によって記述するメリットは、二つの身体の比較により道具や機械の効果を測定できるところにある。たとえば、自動車の運転は、通常とは異なる視覚情報を提供する[13]。拡張、あるいは縮小は、その効果をもとに論じてこそ意味がある。延長という事象の考察を省き、延長が即、拡張を意味するとき、両者を並置する記述は、両者が併記されているという以上の意味を持たない。

道具の効果がその使用を前提にするならば、使用時、つまり道具が身体の延長になるときの事象の記述を捨象して、効果の多寡は論じられないはずである。にもかかわらず、道具に身体を延長する側面を認めつつ、延長時に生じる事象について一切語らないのはなぜか。その原因の一つに、エクステンションを分節する視点の欠如があると考えられる。

マクルーハンは、新しいことばを公共的な言語空間で使用する際に延長を使用した。そして、使用の前後で効果を比較する視点を保持していた。延長の系譜における特異性としては、「ことばによる探索」を提唱した点があげられよう。道具同様にことばも身体を延長するという発想については、管見にしてマクルーハン以外の例を知らない。

拡張

三つの概念でもっともヴァリエーション（と混同）が多いのは、拡張だろう。

一九四〇年代から七〇年代にかけて影響力を持ったドイツの技術哲学者のゲーレンは、人間と技術の関連について考察した箇所で次のように書いている。「マックス・シェーラーを継承した現代の人間学が明らかにしたことながら、人間には特殊化した器官と本能が欠如しており、動物種に特有のいかなる自然環境に適応することもなく、それゆえ任意の自然状態を目前にしてこれを知的に改変する。人間は感覚において散漫、武装において丸腰の裸であり、その全体は胎児的、本能は不安定であって、実存において行為に頼る動物である。こうした事実を熟慮したすえに、W・ゾンバルト、P・アルスベルク、オルテガ・イ・ガゼ等は技術を人間の器官欠如から導き出した。[14] じじつ製作において最古の証言をなすものとして、欠如する器官に代わる武器、さらにはおなじく安全をはかり、暖をとるにあたって習い性となった火の使用も当然これに数えられよう。この器官代償原理に当初から比肩するものとしては器官強化の原理があったはずである。手にした打石器は素手をしのいで強力であれば、我々にとって器官上不如意であるような達成を補う《代償技術》とならんで、我々の器官効率を上まわる《強化技術》もまた登場する。[15] すなわちハンマー、顕微鏡、テレフォンはその自然能力を増幅した」（Gehlen 1949＝1986: 2–3）。ここでゲーレンは、技術には《代償技術》と《強化技術》があり、人間と技術の関連を考察する「器官代償原理」と「器官強化の原理」

の二つの原理があると主張している。拡張の系譜を前提にすれば、「代償（代行）」と「強化（拡張）」が二つの別々の原理ではなく、拡張に含まれる二つの要素であることはすぐに分かる。ゲーレンの技術論を拡張のヴァリエーションと見做すならば、廣瀬通孝（一九五四年〜）による「人間の機械化」の議論もその一つに数えられる。廣瀬は、現代の機械技術を「拡張型」と「代替型」に分類して考察しているが(16)、廣瀬が提示した二つの「型」も「拡張」の二つの要素に対応するからである。

マクルーハンも理論構築の際に拡張を使用していた。たとえば、ポジティヴフィードバックのループは人工物による人間の意思を超えた機能の増大を表現したものだった。一見、マクルーハンは先験的に拡張を論じているが、経験的な根拠の必要性には自覚的だった。ポジティヴフィードバックが表現する拡張は、感覚比率によって記述されるとき、他の感覚の抑圧、あるいは衰退を反面として持つことが前提になっている。その実証的な効果の是非はともかく、マクルーハンの議論は、単なる拡張論にも縮小論にも還元できない。メディアの法則として提示されたテトラッドでも、四つの次元に拡張と衰退の相反する項が含まれていた。そして、テトラッドが「探索の原理」という詩論の一部であり、「探索の原理」が、ことばの実際の使用を前提にしていたことを想起すれば、マクルーハンの議論が、拡張と衰退を論じるための経験的な根拠を求める点で一貫していたことが分かる。

エクステンションの系譜におけるマクルーハン

三つの概念からマクルーハンの議論を評価しよう。個々の概念の系譜における特異性についてはすでに記した通りであるが、それら以上に、三つの意味によって一つの理論を完成させたことが特筆されるべきだろう。マクルーハンがどこまで意識的に三つの意味を分節して使ったかは定かではないが、三つの意味をもとにすると、その理論はきれいに腑分けできた。そして、腑分けした部分はただ重なっていたわけではない。たとえば、自動車というメディアを三つの観点から分析するというだけの平面的な重なりではなく、自動車を分析するための立体的な理論を構築するために三つの概念を使い、それらを混同なく組み立てていたところに、マクルーハンの理論の最大の独創性が認められるのである。

註

(1) 坂本（1975: 116）坂本の技術論の射程については別稿（柴田 2014a）にまとめた。
(2) 荘子（＝2008: 121–123）
(3) ＝Espinas, A.（1884）*Les origins de la technologie.*
(4) ＝Köhler, W.（1927）*L'intelligence des singes supérieurs.*
(5) ＝Rey, A.（1935）*L'intelligence pratique chez l'enfant.*
(6) カッシーラーは、カップを「厳しく批判」した思想家としてアイト（Eyth, M. 一八三六〜一九〇六年）とチンメル（Zschimmer, E. 一八七三〜?年）をあげる（Cassirer 1985（1930）＝1993:

290）。カッシーラーによれば、カップ批判の記述があるのは以下の二冊である。Eyth, von M.（1908）*Zur Philosophie des Erfindens*（a.a. O., S. 234ff: *Lebendige Kräfte. Sieben Vorträge aus dem Gebiete der Technik*）; Zschimmer, von E.（1917）*Philosophie der Techinik*, S. 106ff.

（7）Cassirer（1985（1930）＝1993: 115）＝Cassirer（1930: 45）

（8）Berger & Luckmann（1966＝2008: 94–95）

（9）Berger & Luckmann（1966＝2008: 102–103）

（10）Berger & Luckmann（1966＝2008: 296）

（11）「偽りの内在論者（マイヴァート、ベルクソン）と断固とした現相主義を対置させるこの方法論の闘いを通じて我々が特に光をあてたかったことは、この科学者〔ダーウィン〕の大胆さ……であった。……（ダーウィンの前には）それ（生物学）は奥に隠れた微小な内臓構造の探究（組織学）や〈交感〉という曖昧な生理学的放射の追求に専念していた。ところが〔ダーウィンと共に〕生物学は環境や状況との関数で規定され、とりわけ人々が非本質的などうでもいいものとさえ見做していたものを介した省察により、突如として『外化』されるのだ」（Dagognet 1977＝1987: 163）。

（12）Childe（1936＝1971: 26, 38–39）

（13）Gibson & Crooks（1982（1938））

（14）ゾンバルト（Sombart, W. 一八六三〜一九四一年）、アルスベルク（Alsberg, P. 一八八三―一九六五年）、オルテガ（Ortega y G. 一八八三〜一九五五年）。ちなみに、『機械の花嫁』にはゾンバルトの名前が登場する（McLuhan（1967）1951: 33, etc.）。

（15）Gehlen（1961＝1999: 219–220）にも同様の記述がある。

（16）広瀬（2007: 16–20）

第6章　マクルーハンをめぐる論争

この章では、まず、先取権論争の当事者だったホールとフラーの議論の正当性について、両者の理論的発達を概観しながら考察する。次に、エクステンションをめぐって展開したマクルーハン研究の議論について、その正当性を考察する。

「エクステンションの先取権論争」の真実1――ホールのエクステンション

ホールは、マクルーハンの死から一五年近く経った一九九四年、エクステンションの先取権の論争を次のように回顧した。「マーシャルは早い時期から二つのプロセスと格闘していた。彼はそれらを内化 innering と外化 outering と呼んでいた。悩みの種は、このメタファーを人々が理解しにくいことだった。私の『沈黙のことば』を読んだ彼は、内化と外化のプロセスを表現できて、なおかつ一般人にも理解しやすくするヒントを得た」(Hall 1994: 149)。

確かに、マクルーハンは、『グーテンベルクの銀河系』でホールの『沈黙のことば』を引用しながらエクステンションの語を使った。しかし、ホールのエクステンションが人工物による身体機能の「代行」と「拡張」を意味することはこれまでの考察で明らかであり、拡張が理論構築で果たした役割の多寡や、拡張の議論が一九六〇年代に極めてありふれたものだったことを考えると、マクルーハンの剽窃を難じるのは無理がある。他方、ホールの言明に反して、『沈黙のことば』には外化と言い換えられるエクステンションは見つけられない。正統と言わないまでも外化の系譜に位置づけられる論理を持つエクステンションが見つけられない以上、論争の始まりからボタンの掛け違いがあったと考えるのが妥当である。

『沈黙のことば』以後の著作を通読すると、一九六六年の『かくれた次元』にも外化の片鱗さえ見当たらないが、一九七六年の『文化を超えて』には人工物による機能の拡張をポジティヴフィードバックのループで説明した箇所があり、そこでは、エクステンションの語が用いられている。ホールがもっぱら拡張の意味でエクステンションを使っていたことを考えれば、ここに意味の転換が認められる。ホールは、エクステンションによって人工物が身体から産出される局面を説明するようになったのである。(1) この用法は、続く『文化としての時間』(*The Dance of Life*, 1983) にも引き継がれ、ホールの晩年の思想を形成するのに貢献した。

ホールの外化は内化と対になってループを形成するに至った。しかし、外化したものが身体内部を知らせる手がかりになるという意味は一切含まれていない。系譜学から評価すれば、人工物の生成を表現するのに便宜的にこの語を利用したにすぎず、ホールの用法が外化の正統にないことは明らかである。ホールが外化によって描き出したループは、ポジティヴフィードバックの様相を呈しているが、ホールの議論にはそのようなループを停止したり逆行させたりして、対象化しようという意図も仕掛けもまったくなかった。

問題は、『沈黙のことば』に外化の意味のエクステンションが存在しなかったにもかかわらず、ホールがマクルーハンの剽窃を糾弾した点である。『文化を超えて』以後の著作にはマクルーハンのそれと酷似するループが登場するが、文献表にはマクルーハンの著作が載る一方、該当する箇所にマクルーハンの名前が出てこないのも釈然としない。ホールがフラーを先取権者に名指していたことを考えれば、フラーの用法を検証するのが、マクルーハンとホールの間で始まった先取権論争に終止符を打つ最善の方法だろう。したがって、次にフラーの議論を精査する。

さて、先取権論争の法廷でしか二人を見ないことで、マクルーハンとホールが終始反目し合っていたとの印象を与えてしまったとすれば本意ではない。二人の名誉のためにも、最後に、マクルーハンがホールの研究に敬意を抱いていたことを示すエピソードを紹介したい。一九六七年一〇月九日と一〇日に開催されたセミナーで、マクルーハンはホールのパーソナルスペースの成果を引き合いに出し、自身のメディア研究について説明した。「ここにおいでの皆さんはもうホールの『かくれた次元』をお読みになったでしょう。この本には、完全に隠れた多くのものたちが私たちの日常生活を取り巻いているという事実が分かりやすく書かれています。安楽を求める私たちはこの事実をわざと知ろうとしないのです。彼はこの原理を鮮やかに描き出しました。まず頭に浮かぶのはアラブ世界です。彼はアラブ世界での良好な関係が八インチの距離であることを発見しました」(McLuhan 1969b: 53)。「私は、そのような特徴がこの地域の他の文化にもあてはまるのかどうか知りませんが、彼はたくさんの研究を通じてこの問題を探究し、それを『かくれた次元』と名づけたのです。私はあらゆる人工物とその見方にもふさわしい距離があると考えます。その距離によって人工物との良好な関係が明らかになるでしょう」(McLuhan 1969b: 53)。「そのような距離はそれぞれの人間やそれぞれの人工物毎に違っていて、どれ一つとして同じものはありませんが、実験によって発見することはできるのです」(McLuhan 1969b: 53)。

「エクステンションの先取権論争」の真実2——フラーのエクステンション

論争の影の主役とも言えるフラーの議論を検証しよう。

出身母体の文学研究から眺めれば、メディア研究を提唱するに至ったマクルーハンの思想は異形なものに映るだろう。しかし、フラーの壮大な（誇大な）思想に比べれば、マクルーハンの思想のあやしさは、ずいぶんおとなしいものに見えてくる。奇矯さを含む独創性の点で、フラーはマクルーハンを遥かに凌ぐ。エクステンションの意味を精査するために、壮大なフラーの思想の概要を理解しておこう。

フラー自身がエクステンションを初めて公にした著作としてあげた一九三八年『月への九つの鎖』（*Nine Chains to the Moon*）の冒頭には、フラーの思想の基本構造が説明されている。「私の哲学の中核を成すのは以下のような考えだ。この宇宙のすべては見た目に分からなくても絶えず自動運動しており、この動力学的な構図の至るところで相反する力がつねに絶妙なバランスを保っている。そして、すべての事柄が例外なく最も抵抗の少ない方向に動いていくのである。人間による創造活動の歴史は、抵抗の存在を知り、それを減少させて『方向』をコントロールしようと奮闘する物語である」（Fuller 1971（1938）: ix）。フラーの哲学の中核には、全宇宙の事物が抵抗の少ない方向に向かって動いているという目的論がある。そして、宇宙の一部である人類には、目的に向けて事態をコントロールするという使命がある。では、事態を正しくコントロールするにはどうしたらよいか。フラーによれば、第一に必要なのは「合理化 rationalization」である。「合理化により、予期せぬ状況に遭遇しても解決策を考え出せるだろう」（Fuller 1971（1938）: x）。「とはいえ、合理化だけでは十分ではない。合理化それ自体が目的なのではなく、それを客観的な状態にすることが必要だ。つまり、個人的要素を完全に取り除いた道具 instrument へと物質化しなければならない」（Fuller 1971（1938）: x）。事態を正しくコントロールするには、まずは目的地を理解し、抵抗となる存在を把握するための合理的な知識が必要だが、知識が抽象的なレベルにとどまる限り、事態は変わらない。フラーは、合理的な知識は、頭の中にある主観的で抽象的な状態から客観的で具体的な装置に物質化されて初めて意味があると考える。

『月への九つの鎖』には以上の説明を帆船の操縦に喩えた箇所がある。人類を載せた帆船には海流、風、最も抵抗の少ない方向の三つの力線が引ける。船の操縦は、これら三つを収斂させて第四の力線を引き、舵の角度を決める作業である。これまで舵取りの役目は哲学者（哲人）が担ってきたが、これからは、抽象的に思考する哲学者ではなく、合理化の能力のある者こそふさわしい[2]。前記の説明を考え合わせれば、ここで言う合理化の能力には、抽象的な思考を具体的な装置に換える能力が含まれると解釈できる。舵取りの役目は、宇宙の目的を理解した上で、目的地に向けて絶えず船の向きを修正することだが、船の向きの修正は新しい装置を産出して初めて可能になる。正しい向きを定常性と言い換えれば、フラーの思想から人工物を産出するネガティヴフィードバックのループを取り出すのは難しくない。

人工物の産出のメカニズムをネガティヴフィードバックのループで描出する点は、フラーが先んじていた。マクルーハンの思想がフラーの焼き直しにすぎないかどうかを確かめるために、フラーによるエクステンションの用法を検証しよう。

フラーは一九六六年一一月六日の書簡でエクステンションの問題を次のように語っていた。「マクルーハンと知り合って五年になる。彼は、Mechanical と Extensions of Man という私の概念とフレーズを使ったことを認めている」(Molinaro et. al. eds. 1987: 308)。『月への九つの鎖』には、この二つの概念が併記された箇所がある。「手工業時代の初めと現代の違いは際立っている。それは、前者では人間が mechanical extensions、すなわち機械装置一式 a set of mechanisms に頼らず生き抜いていた点である」（Fuller 1971（1938）: 28）。引用からは、mechanical が手工業時代以降の時代性を持つことと、extensions が機械的な属性を持つことが分かる。では、なぜ機械的なものが extension なのか。それを解く鍵が次の引用にある。「『思想家』は物事の因果を真摯に追究しはするが、たとえば算術から幾何学、三角法、力の分析に進み、最終的にある種の力の法則に進化するという思想の前進をもっと合理的に解釈 have rationalized すべきだったはずだ。梃子の法則の応用は、人間本来の仕事能力を超えた実用的な機械装置の『利益』a practicable mechanical "advantage" をもたらしたではないか。思想家は次のように理解すべきだったのだ。『結局のところ、私は知らず知らずのうちに思想の前進を遂げていた。前進した思想のさらなる extension は、装置の優位性の原理を利用することで、そのような extensions なしに生身の奴隷を使う場合の仕事に比べて、将来、より多くの仕事が成し遂げられることを知らせる』」（Fuller 1971（1938）: 126）。一読して、単数形の extension は抽象的な思想が前進して具体的な機械装置に物質化されることを指し、複数形の extensions はそのようにして物質化された機械装置の集合を指すと理解できるが、これまでの考察を重ねると、フラーのエクステンションに拡張と外化の二つの意味が込められていることが分かる。

まず拡張の意味を確認しよう。フラーは、物質化に至る経過を「前進」と肯定的に言い表している、それは、機械化することで人間により多くの利益がもたらされるからである。ここで機械装置の利益は、それがない場合の人間の仕事能力との比較で測られている。生身の奴隷を機械装置に置き換えることで仕事量が増えるように、機械による置き換えや「代行」は人間本来の能力を「拡張」するのである。次に外化の意味を確認しよう。フラーは、頭の中の抽象的な思想が具体的な装置に物質化されることの必要性を語っているが、ここには、内的な思想を外へ出すこと、つまり客観化の範囲での外化が見出せる。フラーが外化の片鱗を使って思想を形成した事実は、上記の人工物のネガティヴフィードバックループの他にも、機械装置を mechanical externals と言い換えていることから裏づけられる。(3)

フラーの思想には外化の片鱗がある。とはいえ、外化したものから身体内部を解明しようという契機は、膨大な著作のどこにも登場しない。ホール同様、フラーの外化には、身体の外に向けた人工物の産出という意味はあるものの、外化したものを手がかりに内部を知ろうという契機はない。外化の系譜からすれば正統とは認められず、したがって、正統に位置するマクルーハンの思想の直系と認めることもできない。(4)

実は、エクステンションに限定してしまうと、マクルーハンへのフラーの影響を過小評価する誤りを犯すことになりかねない。これは、概念に基づく系譜学の限界と言えよう。外化の正統ではなかったが、フラーのネガティヴフィードバックのアイディアは、類似の他者のアイディアとは質的に異なっていた。というのも、フラーの思想には、「探索の原理」の第三段階の実践に相当する、外化による制御の発想が見られるからである。

『月への九つの鎖』の人工物のネガティヴフィードバックループを想起してほしい。フラーの思想は、全宇宙の事物が抵抗の少ない方向に向かって動いているという目的論と、目的に向けて事態をコントロールするために抽象的な知識を物質化しなければならないという当為で構成されていた。フラーは、目的論の実現に向けて、知識の物質化を実践したのである。

一九三〇年代初頭から、フラーは、走行中に後輪が浮遊することで低燃費を実現した三輪自動車（ダイマキシオンカー）や正二十面体を基本にすることで広い容積と高い剛性を併せ持った建造物（ジオデシックドーム）などを次々と発表した発明家の顔を持っていた。(5) ダイマキシオンカーは一九三三年のシカゴ万博で衆目を集めたが、デモンストレーションで死傷事故を起こしたのがあだとなり、小回りが利かないなどの難点を指摘され、量産されなかったが、ジオデシックドームのアイディアは、かつて富士山頂に設置されていたレーダードームを始め、今日でもさまざまな建築に応用されている。一九八五年に発見された炭素クラスターは、ジオデシックドームと同じ構造だったためにフラーにちなんでフラーレンと名づけられた。発見者のクロトー（Kroto, H. 一九三九年〜）らがノーベル化学賞（一九九六年）を受賞したのは記憶に新しい。

フラーは、抽象的な知識の物質化について、次のように語った。「わたしの哲学は、つねに生命のない『人工物』に翻訳されなければならないものであることを忘れないでほしい。哲学や思想を行動や具体的なものに翻訳し終えた後なら、それについて語るが、物質的な発明などに収斂させる（社会改革ではない）前に語ってはならないと自分では決めている。これは一九二七年、三二歳のとき、わたしが自分自身で考えるようになったときに導きだした哲学である」(Fuller 1979 (1962) = 2001: 22)。フラーの物質化が、全宇宙の目的論を実現するための手段であることは繰り返すまでもない。フラーは、目的論を実現する力線に沿って事態が前進するように、知識を物質のかたちで外化する役割を自任し、実践したのである。

ネガティヴフィードバックを基調とする『月への九つの鎖』の基本理念はその後も維持され、一九六三年にその集大成とも言うべき『宇宙船地球号操作マニュアル』(*Operating Manual for Spaceship Earth*)が発表された。地球を一つの宇宙船に見立てて人類の運命の共同性を説き、さらに宇宙の原理がエネルギーの持続にあると提唱したこの著作は、軍拡競争に疲れ、発展の限界を突きつけられていた当時の世界で大きな反響を呼んだ(6)。

マクルーハンの詩人が自動車のドライバーだったとすれば、フラーの発明家は宇宙船地球号の舵取り、ということになろう。マクルーハンが新しいことばを産出してメディア環境を可視化し、自動車を制御できることを詩人の要件にしたように、フラーも新しい装置を産出して船の向きを修正できることを舵取りの要件にした。船の制御を含むフラーの議論は、マクルーハンのフィードフォワードを髣髴とさせる。

フラーの思想に「探索の原理」の第三段階の実践に相当する外化による制御の発想があるのは間違いない。では、「探索の原理」の第三段階以外の過程が欠落しているのはなぜだろう。他の議論はともかくフラーに関しては例外的に、この欠落に積極的な意義を認めることができる。マクルーハンは、メディアのループを制御するためにメディアのループをことばのループに置き換えた。これに対し、フラーは、メディアのループをメディアによって制御しようとしたために、ことばへの置き換えを必要としなかったのである。「哲学や思想を行動や具体的なものに翻訳し終えた後なら、それについて語るが、物質的な発明などに収斂させる（社会改革ではない）前に語ってはならないと自分では決めている」と自ら誓ったフラーが、発明の内的過程を明かすはずはない。フラーには「探索の原理」の第一段階から第二段階に相当する意識過程を説明する理由がなかった。この事実は、マクルーハンのように正統な外化に定位する理由がなかったことを意味するのである。

『宇宙船地球号操作マニュアル』を読み進める読者は、宇宙船地球号を操縦するマニュアルが存在しないという逆説的な発言に遭遇することになる。[7] フラーは、マニュアルの不在も宇宙の原理に基づいてデザインされたことがらであり、むしろ積極的な意味があったのだと言う。なぜなら、マニュアルを持たなかったおかげで、人間は知性の力で自分の経験した事実を総合する技術を身につけたからである。フラーはこの過程を「未来に向けての能力の後ろ向きの発見」（Fuller 1974 (1963): 49）と呼ぶ。総合の努力の結果、人類は宇宙を支配する一般原理の帰納に成功した。[8] とはいえ、一般原理を理解し、宇宙の目的を知ることで人類が前方の未来を見通せるようになったわけではない。「子宮の中の受精卵の成長のように容赦ない振る舞いをする進化の過程は、シナジー的に作用して予見できない仕方で人類に成功をもたらす。人間は、そのような未来に後ろ向きに入って行くことになるだろう。過去一五〇年の十兆ドルに上る発展ぶりを、（約一五〇年前の）一八一〇年当時の曽祖父たちが予見できなかったように、私たちも未来を予測することはできないのである」(Fuller 1974 (1963): 95)。フラーは、人間に一般原理をデザインすることはできない。人間には、一般原理を発見し、それを特殊な事情に適応させるべく物質化する能力しかない[9]と考えた。「未来に向けての能力の後ろ向きの発見」、あるいは人間は予見できない未来に後ろ向きに入って行くというフラーの認識は、一見、前を向こうとしたマクルーハンと相容れないように思われる。

しかし、マクルーハンの未来予測が前方の未来を見通すという意味の未来予測でないことは、すでに確認した通りである。マクルーハンの言う予測は「今まさに何がおきているか」の理解と同義であり、メディア研究の主題はこの意味での予測に基づいて未来の悪影響を回避するというフィードフォーワードの実践にあった。宇宙船地球号の操縦にも、「今まさに何がおきているか」という意味での未来予測が含まれると考えるべきである。なぜなら、宇宙船の操舵手も宇宙船が一般原理に沿って航行しているか否かを、今、理解しなければならないからである。マクルーハンが未来の悪影響をことばによって回避するドライバーだとすれば、フラーは、宇宙船が原理に外れて航行し始めたとき、その悪影響を見通し、発明によって悪影響を回避する操舵手だった[10]。

先取権論争に話を戻せば、マクルーハンのエクステンションはフラーに由来するものではない。論争を当事者間で決着させるならば、この権利はマクルーハンに帰属する。もちろん、マクルーハンが行使できるのは、この概念の発明者としての権利ではなく、正統につらなる嗣子(正式な跡継ぎ)を名乗る権利である。

先取権論争を決着させる過程は、権利の行方以上に興味深い真実、すなわちマクルーハンに対するフラーの影響力の大きさを明らかにした。フラーは書簡で次のように書いていた、「私は彼のことが好きで、一個人として尊敬しているし、私の仕事に示してくれる敬意と友情に感謝している」(Molinaro et. al. eds. 1987: 308)。マクルーハンがフラーの仕事に示した敬意に偽りはなかっただろう。翻って、マクルーハンは、活版印刷技術を発明したグーテンベルクや電信を発明したマルコーニの仕事に対し、ほとんど敬意を抱かなかった。歴代の発明家たちは自らの発明の意味を理解しなかったからである。あまたの発明家の中でフラーだけが発明の意味を理解し、発明によって事態を制御するという自覚を持っていた。マクルーハンはフラーの仕事を参照し、自らの素養に忠実に、ことばによる実践を行ったのである。

マクルーハンとフラーがともにフィードバックのアイディアで構想を練ったことを考えれば、次にやるべきは、フィードバックの創始者とされるウィーナーとの影響関係の検証ということになるだろう。実は、フラーは、ウィーナーとの間でフィードバックの先取権争いを繰り広げた当事者でもあった[11]。新たに巨人同士の争いを調停する余裕は本書にないので、この件については稿を改めたい。

エクステンションに着目したマクルーハン研究

エクステンションに着目したマクルーハン研究を検討する前に、エリックの証言を紹介しておこう。エリックは、一九三七年に当時二五歳だった父がカトリックに改宗したことを踏まえて次のように書いている。「彼（マクルーハン）は、ときおり、カトリックの友人の関心を惹こうとして、自分のメディアへのアプローチは聖トマスの理解の方法に似ていると言った。このことは、父の仕事がトマスに起源を持つということではなく、二人が並行関係にあったことを意味する」（McLuhan, E. 1999: xx）。「（聖トマス）アクィナスは、すべての存在は存在の源たる神から類推される、と言った。extensionsとしてのメディアという父の考えは、extensionsが四肢や諸器官の類似物であることを言うものだった」（McLuhan, E. 1999: xx）。ここでエリックは、マクルーハンのアプローチとアクィナス（Aquinas, T. 一二二五?〜一二七四年）の理解の仕方に類似点を見出しながら、「平行関係」という言い方でアクィナスからマクルーハンへの影響を否定している。エリックの理解では、二人の方法は「結果的に似た」のである。エリックによれば、アクィナスが「二人の平行関係を示す具体例として、対象を把握する方法をあげる。エリックによれば、アクィナスが「すべての存在は存在の源たる神から類推される」と見做し、源たる神との類推で存在を捉えようとしたように、マクルーハンは、四肢や諸器官との類推でメディアを捉えようとした。アクィナスと対照させるならば、マクルーハンのアプローチは、「すべてのメディアはメディアの源たる身体から類推される」ということになるだろう。確かに、四肢や諸器官との類推でメディアを捉えようとするアプローチは、メディアをその源の身体に差し戻すという点で、「外化」の概念との関連が示唆されるが、エリックはエクステンションについてこれ以上語らず、アクィナスによる対象の把握の仕方にメディアに対するマクルーハンのアプローチを還元できないという主張の根拠も定かでない(12)。

さて、エクステンションという概念に着目したマクルーハン研究を概観すると、およそ五つのカテゴリーに分類できる。一つ目から徐々に重要度が増し、五つ目のカテゴリーには理論研究と呼ぶに相応しいものが該当する。

カテゴリー1

エクステンションの「起源」をほのめかすだけでマクルーハンの理論におけるこの概念の位置づけを考察するに至らない記述は、枚挙に暇がない。

たとえば、マクドゥーガル（McDougall, W. 一八七一～一九三八年）の心理学説をエクステンションの起源とするホームズ（Holmes, D.）らの研究（Holmes & Zabriskie 1964）について言えば、出典とされたマクドゥーガルの著書を繙くと、エクステンションという語が「本質的なアニミズムの概念のextension」（McDougall 1938（1911）: vii-ix）や「理論のextension」（McDougall 1938（1911）: 5）、「自尊心のextension」（McDougall 1926（1923）: 428）のようにしか使用されておらず、身体との関係で人工物のエクステンションを論じた箇所はない。

このように、カテゴリー1に分類される研究は、あやふやな出典を示すだけものが大部分を占める。その理由の一つに、これらの研究が、マクルーハンの思想を理論として読解する意図を欠き、出典先の一つとしか見ていないということが推察される。

出典を示すに留まり、マクルーハンの思想におけるこの概念の位置づけには無関心なカテゴリー1に対し、概念の起源を一つに絞り、概念の理解をもとにマクルーハンを解釈しようという意図が読み取れるものがこのカテゴリーに分類できる。

カテゴリー2

このカテゴリーには、一つの意味を考え抜き、結果的に起源に迫る研究も含まれる。たとえば、フィンケルシュタイン（Finkelstein, S. 一九〇九〜一九七四年）は、拡張の意味に注目しただけなく、拡張に内在する議論を梃子にマクルーハンを批判しようとした。フィンケルシュタインによれば、「『人間の拡張』というフレーズは、切り離したり be lopped off、切断したり amputated できる物理的な意味ではなく、比喩的な意味で使うならば、芸術や科学やメディアの研究全般と深い関係がある」（Finkelstein 1968: 61）。ハンマーは手の力を拡張し、槍は腕の力を拡張するが[13]、「真の意味の人間の『拡張』は、物理的な道具それ自体ではなく、道具を使う結果としての感覚やスキルの本質的な向上の方にある。道具は失くしたり壊れたりすることがある。道具を操るためのスキルは失われないので、根本的な喪失や『切断 amputation』は起こらないからだ」（Finkelstein 1968: 62）。フィンケルシュタインは、拡張という概念の意義を、道具によるスキルの向上、現実世界を知覚する能力の拡大、知識の増大などを通じた人間の成長の記述にあると考えた[14]。そこから、スキルやリテラシーやその成果としての知識は一度獲得されれば失われることがない、したがって道具の喪失や「切断」を恐れる必要はないと結論する。フィンケルシュタインは、『パイドロス』のタモスに象徴される縮小論者への反駁になっている。このことは、フィンケルシュタインが拡張の系譜に定位していることの証でもある。

拡張についてのフィンケルシュタインの読みの深さは特筆すべきだが、この事実とマクルーハン批判の正当性は別物である。フィンケルシュタインは、マクルーハンが extension を amputation と言い換えていることを捉え、マクルーハンが「切断」可能な「物理的な意味」での道具をもとにメディア研究を展開している、と批判する。マクルーハンをタモスに象徴される縮小論の陣営の一員と見做し、拡張論の立場から攻撃しているのである。フィンケルシュタインの指摘のとおり、確かにマクルーハンは extension を amputation と言い換えた。しかしこの言い換えは、マクルーハンが縮小論者であるということではなく、外化の系譜に定位していることのしるしなのである。

マクルーハンに対してエクステンションの系譜学でアプローチした点は評価に値する。しかし、フィンケルシュタインの試みは、単一の系譜でなされたため、マクルーハンの主張を誤読するという結果に終わった。

ミラー（Miller, J. 一九三四年〜）も、拡張からマクルーハンの読解に挑んだ。ミラーは、マクルーハンが人工物を「所与の感覚器官の感受性領域を拡張する」（Miller 1971: 88）ものと定義したと考えた。ミラーの批判の要点は、マクルーハンが拡張を用いて人工物を定義した点は肯定するが、拡張の議論を感覚比率論と接合する点は非科学的なため肯定できない、というものである。ミラーは、拡張を、感覚自体を強める magnify のではなく、感覚の選択肢の数を増す increase ことを意味するものとして使用することを提案する。[15] ミラーの拡張論では、たとえば、顕微鏡は視覚という感覚を強めるものではなく、視覚可能な状況の範囲を増すものと見做される。[16]

拡張に対するミラーの新解釈には見るべきものがあるが、マクルーハン理解という観点からは一つの意味への還元という誤読であり、その批判も的を射ているとは言い難い。

カテゴリー3

カテゴリー2には、理論の解明を試みる議論も見られたが、マクルーハンの理論が三つの意味で構成される以上、一つの意味に還元してしまっては、解明には至らない。カテゴリー3には、この概念が複数の意味を持つことを突き止めたものが分類される。

拡張と外化の意味の分節に基づく研究は、一九六七年頃に頻出する。[17] それらに共通するのが、外化を単に出力の局面を表現するものと捉えた不完全な理解である。拡張についても、フィンケルシュタインのような起源に迫る深い読みをした形跡が見られない。マクルーハンの議論に外化と拡張があること自体を結論と見做す風潮が研究者の一部にあったものと推測できる。複数の意味の発見は、それ自体が満足を与える点で、読解の進行を妨げる諸刃の剣となる危険がある。

また、ジリンスカ（Zylinska, J.）は、マクルーハンのエクステンションを敷衍する方向でサイボーグの分析を含む新しいメディア研究の構想を打ち出している（Zylinska 2002: 1–12）が、ジリンスカのエクステンションの概念には拡張と延長が混在している。新しい研究の方向性の如何はともかく、マクルーハン理解としては見るべきものはない。

読みの深さが伴わなければ、いくつの意味を分節しても理論の解明は始まらない。そして、そのような研究は、このカテゴリーに分類されても、研究の意義という点でカテゴリー1に分類されるものと大差ない。

カテゴリー4

カテゴリー3では、二つの意味を前提にした分析が見られたが、二つの意味の組み合わせを着想しなければ、つまり一つの理論の構成要素として二つの意味を捉え直さなければ、断片的な分析が二つあるという以上の価値はない。

カテゴリー4は、ループの存在を突き止めたものである。ループの発見に至るには、まず一つの理論の構成要素としてこの概念を考察する過程がなければならない。分節した意味の数が一つであっても、マクルーハンの理論構築で最も重要な役割を果たした外化に注目し、内化との組み合わせでループの存在を指摘できた点で、理論解明の糸口を掴んだと評価できる。

カテゴリー4の中では、ループの発見に加え、物質と表象の並行性を指摘したシールの研究(Theall 1971)が際立っている。シールの解釈を踏襲する研究もあり[18]、マクルーハン研究の指標の一つに認められている。出力におけるホールの理論と調整におけるヤングの理論の役割を指摘し、身体論の内部に斬り込んでいるが、ネガティヴフィードバックのループしか読み取らなかった点で、解明の糸口を摑んだにすぎないとの評価が妥当である。外化の意味を、出力の表現という以上に深化できなかったことで、ループを対象化するというマクルーハンの意図を理解できなかったものと考えられる。

フロイント（Freund, J.）も、マクルーハンの議論に outer と utter の二つのネガティヴフィードバックのループがあることを指摘しているが、二つのループの有機的なつながりには言及できていない。(19)

カテゴリー5

カテゴリー4の議論を概観すると、外化に着目し、ループの存在まで指摘しながら、概念の起源についての考察が不十分であるために、外化を出力を表現する意味でしか捉えられない難点が明らかになった。カテゴリー5には、ループの指摘に加え、外化の系譜について詳細な考察を行っている議論が分類される。理論の存在を前提に議論を進め、手続きの必然として外化の意味の深化に成功している。

このカテゴリーに分類できる議論は、極めて少ない。ここでは一例のみを取り上げ、その概要を紹介した上で、問題点を指摘する。

外化の起源をたどる作業から始めて自前の系譜を書き、そこにマクルーハンを位置づけようとした研究の代表例にカーチス（Curtis, J. M. 一九四〇年〜）の仕事があげられる。ロシア研究を専門にしていたカーチスは、一九六八年に『メディアの理解』を読んで衝撃を受け、一九七〇年代のほぼすべてをマクルーハンの研究に費やした。マクルーハンと直接会う機会はなかったが、オングとはマクルーハン研究を通じて知り合って以来親交が続いた模様である。[20]

カーチスは、一九八一年の論文（"McLuhan : the aesthete as historian"）で、マクルーハンのエクステンションは思想的にはヘーゲル（Hegel, G.W.F. 一七七〇〜一八三一年）に連なるが、直接的にはベルクソンに由来すると言う。そして、制作された道具は使用時に人間の身体機構を extend することで制作者である人間に影響を及ぼす、という論理をベルクソンから読み取り、被制作物が制作者に影響を与えるという循環を指摘して、ベルクソンの技術論をマクルーハンの技術決定論の原型と見做す。同論文には以上の結論部分しか載っていないが、一九七八年の『多声音楽としての文化』（*Culture as Polyphony*）には、ベルクソンを含む六人の思想家（カップ、カッシーラー、ゲブサー（Gebser, J. 一九〇五〜一九七三年）、テイヤール・ド・シャルダン（Teilhard de Chardin, P. 一八八一〜一九五五年）、マンフォード）を配置しながらマクルーハンをヘーゲルにつなげる経緯が詳説されている。

『多声音楽としての文化』の議論は次のようにまとめられる。マクルーハンのエクステンションはヘーゲルを起点とする新しいパラダイムに起源を持つ。新しいパラダイムの特徴は、静的な分離を動的な統一に解消する点にあるが、それを体現したのが、有機体と環境、本能と知性の双対性に基づいて二項の動的関係を支えるエクステンションの技術論を提出したベルクソンである。

こうしてベルクソンが事実上の起源に特定されたわけだが、カーチスは、ベルクソンとマクルーハンの関連づけについては推定に基づくことを告白している。「技術に関して言えば、まさに『メディアの理解』のサブタイトルの *The Extensions of Man* は、ベルクソンが『宗教と道徳の二つの源泉』で定式化した人間の extension としての技術を思い起こさせるものだ。当時もカップの仕事は少数のドイツ専門家を除いて一般には知られていなかったので、マクルーハンが初めて extension の概念を目にしたのはベルクソンの思想だったと考えるのが適当だろう。そして、マンフォードとテイヤール・ド・シャルダンの思想でその用法を詳しく研究したに違いない。さらに、技術の変化に対する反応の形式としての神話に対するマクルーハンの関心と分析は、彼の仕事をカッシーラーの仕事に関係づけたのである」(Curtis 1978: 83)。そして、こう結論する。「この命題については当時すでに合意事項だったので、マクルーハン自身は extension という概念を考え抜く必要がなく、したがって、この概念自体についてはほとんど検討を加えていない」(Curtis 1978: 83)。

カーチスの推定には重大な過失がある。それは、文献学的な証拠がないにもかかわらずマクルーハンとその他の思想家を関連づけたことではなく、誤った論理に基づいて両者の影響関係を推定したことである。カーチスがベルクソンの議論をマクルーハンの理論の起源に同定した根拠は、エクステンションで形成されるベルクソンの円環とマクルーハンのループとの同一性にあった。ベルクソンは、人間の進化は知性が器具（道具）をつくり出したところから始まるとした。カーチスは、知性がつくり出した器具が、当座の必要を満足させる一方、無意識に働きかけて本能的な必要をつくり出し、新しい必要を満たすために知性が再び新しい器具をつくり出すことで円環が完成する点を指摘したのである。確かに、マクルーハンの著作には、この意味での「ベルクソンの円環」が登場する。「ベルクソンの円環」は、マクルーハンのポジティヴフィードバックのループと類似する。とはいえ、マクルーハンが「ベルクソンの円環」を描くことに終始したのでないことはもはや説明するまでもない。マクルーハンのメディア研究の主題はこのような円環を対象化することにあった。

カーチスの問題点は、「ベルクソンの円環」にマクルーハンの理論を還元する誤りを犯したところにある。誤りの原因は、カップの外化とマクルーハンの議論と関連づけながら、カップの外化を源流とは別の流れの経由点と見做してしまい、外化の意味の深化が中途で終わったことに求められる。

ベルクソンの議論には、確かにエクステンションが登場した。しかし、ベルクソンのエクステンションが延長と拡張に分節できても外化の意味で解釈できないことは、検証した通りである。カーチスが本書で紹介したベルクソンの引用箇所そのものを典拠にしていることからも、カーチスの誤読を断定できる。

論理的な読解の不足以外にも誤読の原因が推定できる。文献表の表記が真実ならば、カーチスは、上記の結論を導き出すのに、一九六四年の『メディアの理解』と一九六八年の『地球村の戦争と平和』（*War and Peace in the Global Village*）しか参照していない[21]。一九六八年の段階で「探索の原理」が完成していない以上、『地球村の戦争と平和』までの記述を手がかりにマクルーハンの思想の全体像を描くことはできなくて当然である。カーチスは、「探索の原理」の理解を省略してマクルーハンのエクステンションを腑分けしたために、ポジティヴフィードバックのループが脱却すべき対象であり、脱却の手順の一つとしてカップ流の外化が援用されたことを理解できなかったのである。そして、カップを経由して外化の本流に定位したマクルーハンに対し、「マクルーハン自身はextensionという概念を考え抜く必要がなく、したがって、この概念自体についてはほとんど検討を加えていない」という誤った評価を下すことになったのである。

近年では、ブリティッシュ・コロンビア大学のキャヴェル（Cavell, R.）が『空間におけるマクルーハン』（*McLuhan in Space*, 2002）でエクステンションを論点にあげ、本格的なマクルーハン研究に取り組んでいる。同書にはフラーとホールとの論争はもちろん、カーチスの研究を含む先行研究が手際よくまとめられている。(22) キャヴェル自身の研究は、一六世紀に修辞学のリストに新たに加わった「補綴 prosthesis」という用語に注目し、この用語をもとにマクルーハンの「切断 amputation」、およびextensionとフロイトの「投影」の同一性を論じる斬新なものである。意味を拡張に還元し、ループの発見もない点で、カテゴリー2に近いが、エクステンションの起源の候補にデカルトの名前を出していることは注目に値する。本書の考察から明らかなように、デカルトのエクステンションは延長の起源であり、器官の代用を意味する「補綴」は拡張と同系である。起源の特定に至らなかったために、結果的に意味の混同を指摘できるとしても、フロイトの「投影」を外化の系譜に関連づければ（本書七四頁を見よ）、マクルーハンの議論から合計三つの系譜を発掘したことになる。この点は、他のマクルーハン研究との質的な違いになっている。

以上の考察から、三つの意味のすべての起源を特定するところから始めなければ、理論の全容を把握することはできないことが理解してもらえただろう。キャヴェルの例から分かるように、マクルーハンに関する研究のすべてが上記の5つのカテゴリーに分類できるわけではない。すべての研究を網羅するのが物理的に難しい以上、六つ目以降のカテゴリーがありうることは認める用意がある。しかし、理論研究と呼ぶには少なくとも五つ目のカテゴリーに入る要件を満たす必要があること、そして、理論を解明するには本書と同様の手続きを必要とし、解明された理論は本書で開示した理論と同形になるということは断言できる。

註

（1）Hall（1976＝1993: 38–53）; Hall（1983＝1983: 166–168）. また、ホールは、別の箇所（Hall 1966＝1995: 53）では、マクルーハンと同様に、生物種内の競争と進化の相関を説明するにあたってセリエのストレス学説を援用している。

（2）Fuller（1971（1938）: 112–114）

（3）Fuller（1971（1938）: 27）

（4）正統から外れたフラーの外化には、「投射（外化）されるのは『働き』であって器官ではない」（坂本 1975: 166）という坂本の用法との類似が見られる。すなわち、「すべての道具はもともと人間という総体の一部をなしてきた機能の外化したものである All tools are externalizations of originally integral functions.」（Fuller 1974（1963）: 101）。

（5）実物写真は、たとえば（Fuller & Marks 1960＝1995）に掲載されている。

（6）一九三八年以降の精緻化された「宇宙の原理」は、フラー（Fuller 1962＝2004: 20–32; Fuller 1997＝2004: 219, 224–226）で詳説されている。フラーは、「宇宙船地球号」のアイディアによってノーベル平和賞の候補に取りざたされ、一九七〇年にはアメリカ市民に与えられる最高の栄誉とされる自由勲章を授与された。

（7）Fuller（1974（1963）: 47）

（8）Fuller（1974（1963）: 48–49）

（9）Fuller（1979＝2001: 249–250）

（10）エクステンションをめぐるマクルーハンとフラーの論争については別稿（柴田　2009）も参照されたい。

（11）Fuller（1979＝2001: 197–198）. この箇所でフラーはウィーナーのフィードバックに言及しながら自説を説明している。また、熱力学の第二法則（エントロピーの法則）に対する地球生態系のアンチエントロピー機能をシントロピーと名づけ、ウィーナーと自分が同時に発見したものだと書いている（Fuller 1992: 74）。ウィーナーとの先取権については一九六五年の講演でも触れている。「一九五一年、私は出版をひかえた著書の中で、つぎのように書かざるをえなくなった。人間の精神は宇宙に見られる反エントロピーのもっとも進んだ形のように思われる。ぼう張する宇宙があるとすれば、その反面に収縮する宇宙があるはずだ。人間の精神と一般概念は重さのないもので、おそらく宇宙収縮の最も精妙な段階を表しているのではないか。精神的なものは物理的なものとバランスを保っている。宇宙の物理的な面はエントロピー的に拡大するが、精神的な面は反エントロピー的に収縮する。私がこの仮説を発表してから二〜三ヵ月後に、ある人からノーバート・ウィナーがやはり『人間は最高の反エントロピーである』という考えを述べていると聞かされた。そこでウィナーとこの問題について話合った結果、二人ともほとんど同時期に筆をとったことが分かった。出発点はまったく異なっていたが、結論は同じだった」（Fuller 1965＝1966: 68）。ウィーナー自身によるサイバネティクス誕生までの自伝的記述としては、（Wiener 1956＝1983）がある。また、成立の背景からサイバネティクスの思想的意義を考察した顕著な研究としては、ハイムズ（Heims, S.J. 一九二六〜二〇〇七年）と佐藤敬三（一九三九年〜）の論考（Heims 1991; 佐藤 1972, 1984, 1987, 2001）に詳しい。

（12）マクルーハンのアクィナスへの言及は、たとえば『グーテンベルクの銀河系』にも見られる。マクルーハンによれば、五感の相互関係を文字の解釈に持ち込んだアクィナスは、テクストの文字をあらゆるレベルで解釈した点で口語型の人間であり、文字を個々のレベルに分離して解釈する視覚的人間ではない（McLuhan（1997）1962: 110–114）。アクィナスの研究誌に投稿した論文（McLuhan 1999（1944））を含めてマクルーハン自身の記述において、アクィナスの思想は、エクステンションの起源としてはもちろんのこと、エクステンションに類する発想の源としてもとりあげられていない。

（13）Finkelstein（1968: 61）

（14）Finkelstein（1968: 61）

（15）Miller（1971: 88–89）

（16）Miller（1971: 89）

（17）Zolla（178–185）; Quinton（1967: 186–198）; Culkin（1967: 242–256）; Carey（270–308）（いずれも Rosenthal ed. 1969 所収。再録のものに限り（　）内に初出年を記した）。

（18）たとえば、Marchessault（2005）。

（19）Freund（1963: 162–168）

（20）Curtis（2005: 163）
（21）Curtis（1978: 182）
（22）Cavell（2002: 256）．同書には、マクルーハンのエクステンションがシュペングラー（Spengler, O. 一八八〇〜一九三六年）に由来するというパス（Paz, O. 一九一四〜一九九八年）の説も紹介されている。キャヴェルがあげたパスの著書（1991）には、次の記述がある。「マクルーハンは、人間の身体の extension としての技術というシュペングラーの概念を借用した」（Paz 1991: 155）。実際、パスは、人間の手が動物の爪に相当する武器になったというシュペングラーの道具論をマクルーハンのエクステンションの起源と見做している（Paz 1991: 155）。確かに、シュペングラーの著作には該当する箇所があり（Spengler 1931＝1940: 222）、道具の製作と使用ができる人間の手が闘争の機能において野獣の爪を超える力を得たことが書かれている。しかし、シュペングラーの道具論から読み取れるのは拡張の意味のみであり、それだけでも「マクルーハンは人間の身体のエクステンションとしての技術というシュペングラーの概念を借用した」というパスの主張は妥当性を欠く。詳しくは柴田（2013b）を参照されたい。

終章　メディアとしてのマクルーハン

言挙げと廃棄を繰り返す「探索の原理」の実践は、マクルーハンの著作を、一見、矛盾の多いものにした。また、新しいことばを求めるために他領域の理論を無造作に寄せ集める手法は、たびたび批判にさらされてきた。しかし、さまざまな矛盾や論理の非一貫性や剽窃を論《あげつら》う反対者になることも、古くなったことばを後生大事に繰り返してその正しさを称揚する賛同者になることも、マクルーハンを読むときには積極的な意味を持たない。この点は、以上の考察から明らかになったと思う。

今日、マクルーハンを読むことに意味があるとすれば、マクルーハンがしたようなことばの探索を自ら実践するか、さもなければ、その思想を廃棄してメディアを理解するための新しい手がかりを持ち帰ることだろう。

どちらを選択する場合も、うつろいゆく一つ一つのことばではなく、それらが重ね描く不変ののを取り出して理解する作業が不可欠である。「探索の原理」の理論が理解できなければ、それをマクルーハンと同じ水準で実践することはできない。本書の考察が、マクルーハンのことばの嵐から少なくとも一つの不変の構造を取り出し、「探索の原理」を理論として開示できたとすれば幸いである。

本書の冒頭で、理論を取り出す構造的な読解には、理論を構成する概念の歴史性を確認する作業、すなわち系譜学的な読解が必然的にともなうと書いたのを覚えているだろうか。系譜学的な読み方をしなければ、本書のような論考が不可能なことも理解してもらえただろう。

本書では、マクルーハンのアフォリズムを状況的に引用するやり方を一貫して批判してきた。しかし、状況的な読み方を完全に否定すると、「探索の原理」自体が成り立たなくなってしまう。たとえば、「メディアはメッセージ」の効果は、マクルーハン一人で成し遂げられたわけではない。マクルーハンの読者が、そのことばの新しさに気づき、自らのことばのループにのせることで初めて世界が変わったのだから。また、頑なな批判者でも賛同者でもなく、ことばの新しさに敏感な読者なら、マクルーハンの口を借りて「探索の原理」を実践すべき瞬間が分かるかもしれない。もちろん、いずれの場合も、ことばの廃棄と磨き直しが前提であることは、もはや説明を要しないだろう。

最後に、系譜学的な読み方の可能性を書いておきたい。本書では、理論を摘出するという目的の手段として、系譜学的な読解を行ってきた。その過程で明らかになったように、ある概念は、その起源から現在まで基本的な論理を維持しつつ、時代毎に特有の変容を遂げていた。概念は、各時代のアーカイヴの機能を果たしてきた。さまざまな領域のアイディアを集合したマクルーハンの思想は、マクルーハンが生きた時代の概念のアーカイヴである。マクルーハンは集合に際し、無造作にそれを行ったわけではない。エクステンションが象徴するように、その著書に登場する概念には、精読の労を惜しまなければ起源の特定につながる正確な論理を読み取れるものもある。マクルーハンは、巨大なガラクタ市を読者に遺してくれたのである。マクルーハンの著書は、同時代のアーカイヴであると同時に、過去から続いてきた重要な思想の系譜をまとめ、未来のために保存するアーカイヴの性格を持つ。マクルーハンのガラクタ市は、系譜学的な読解を試みる者には、過去に伸びるいくつもの系譜を明かしてくれるだろう。

マクルーハンは、今も概念の系譜の糸が撚り集った結び目（ノード）に立ち、思想の媒介者（メディウム）の役割を演じ続けている。メディア・グルの面目躍如ではないか。

あとがき

『荘子』には、その昔、中央を治める混沌という名の帝がいたことが書かれている。混沌には目も鼻も口も耳もなかった。混沌のもてなしを受けた南海の帝と北海の帝は相談し、その恩に報いるために、混沌の顔に、目、鼻、口、耳の合計七つの穴をあけてやることにした。一日に一つずつ穴をあけていったところ、七日目に混沌は死んでしまった。

マクルーハンを論理的に読む試みには、混沌に目鼻をつける作業に似たところがある。最初に手に取ったとき、『メディアの理解』は、まさしく混沌だった。引用するだけにとどめておけばよかったのかもしれないが、どうもそののっぺらぼうな容貌が気に入らず、賢しらに一つ一つ穴をあける作業に従事してはや二〇年が経とうとしている。そして、本書によってその容貌に目鼻をつけた、はずなのだが、こちらの混沌は一向に死ぬ気配がない。マクルーハンを緩慢な最期から救済することを出発点にしていたにもかかわらず、本書を書き上げた時点での率直な感想は、マクルーハンの生命力の強さを実感した、というものだった。

筆者にとって、マクルーハンは、少なくとも今のところ、とらえどころのない化け物ではない。饒舌ではないが、思想の系譜の糸口を教えてくれる先達といったところだ。一人でも多くの読者に、そのような別の顔を持つマクルーハンが見えたとすれば、本書の目的は達成されたというべきだろう。

さて、昨今の出版事情にはまことに厳しいものがある。二〇〇八年一二月に学位を取得して以来、出版を画策してきたが、なかなか実現できなかった。今回、北海学園大学の研究助成（「平成二五・二六年度北海学園学術研究助成（総合研究）」）を得て出版にはずみがついた。代表者の安酸敏眞先生をはじめとするグループの諸先生には、記して謝意を表したい。企画段階からご助言くださった勁草書房の松野菜穂子氏には、真っ先にお礼を申し上げなければならない。本書は、学位論文の前半部分をまとめたものだが、まとめなおしの作業は予想以上に難航した。本書が曲がりなりにも書籍になったのは、松野氏の粘り強いご助力の賜物である。また、校正をお手伝いいただいた北海学園大学文学研究科の竹田麗華さんにもお礼申し上げたい。著者一人の力では一冊の本を世に出すこともできない。出版文化を支えるすべての皆様に感謝したい。

マクルーハンに目鼻をつけるまでにおよそ二〇年を要した。この歳月は、筆者の研究者としての発達の過程そのものであり、その発達が多くの方の指導によるものであることは言うまでもない。まだ混沌のなかでもがいている時期、明治学院大学の柴田有先生、成城大学の浅沼圭司先生のことばは一条の光であった。混沌から抜け出そうという時期に、後に学位論文の主査をしていただく東京大学の佐々木正人先生と出会った。今回割愛せざるを得なかったが、学位論文の後半部分は、ギブソンについての論考であり、先生のご指導がなければ、筆者の研究は半身を欠くものになったはずである。筆者が単なるマクルーハン研究者ではなくメディア研究者を名乗れるとすれば、佐々木先生のおかげである。先生、そしてともに学んだ佐々木門下の皆さんにこのような形でお礼を申し上げられるのは望外の喜びである。東京大学では、金森修先生にもご指導いただいた。本書の要といえる外化の概念については、金森先生からのご示唆が大きい。坂本賢三氏の仕事への注目を評価してくださったことで、どれほど力強く理論研究の背中が押されたか分からない。お二人以外に学位論文の審査に加わってくださった先生方にもお名前を記して謝意を表したい（市川伸一先生、今井康雄先生、岡田猛先生）。

昨今の研究者の就職状況もまことに厳しい状況にある。博士課程の単位取得後にポスドクの身分で受け入れてくださった東京大学大学院総合文化研究科ＣＯＥ・ＵＴＣＰ（リーダー＝小林康夫先生）の皆様、とりわけ筆者が所属した第一部門のリーダーであり、ＵＴＣＰの後もお世話になっている立正大学の村田純一先生に感謝申し上げたい。異なる分野の若手研究者が集まったＵＴＣＰでの二年間は、筆者のキャリアで何ものにも代えがたい時間だった。東京での「マクルーハンサークル」からたくさんの刺激を受けたことも書いておくべきだろう。ゆるやかに結びついたネットワークのノードにいる服部桂さん、中澤豊さん、宮澤淳一さん、門林岳史さんたちの顔が思い浮かぶ。

二〇一一年に着任した北海学園大学人文学部では、同僚と学生に恵まれ、今まで以上に研究と教育に従事できている。まことに幸運というしかない。この場を借りて、大学の皆様にもお礼申し上げたい。

ここ数年は、家族にとって多くのことが一度に起こる時期でもあった。まず、札幌への赴任は、我が家にとっての一大事だった。自らのキャリアをなげうって札幌移住を快く受け入れてくれた妻の多香子への感謝は、ことばでは言い尽くせない。札幌で新たなキャリアをゼロからつくりあげている姿を見るにつけ、家庭人としても職業人としても妻に相応しい人間にならねばならぬという思いを強くする。東京育ちの長女は、慣れない場所での生活に戸惑ったことだろう。札幌で生まれた次女にとっては、東京はもはや見慣れぬ土地になってしまった。数年前には札幌での生活は想像もしなかったが、今では我が家にとって札幌がホームタウンである。新しい生命が生まれ、育つ一方で父母が病に罹るのを目にすると、今さらながら世代交代の現実を思い知らされる。数年来の闘病を続ける父に加え、昨年と今年は、姉、母が続けて病を得た。研究者としての発達を強調してきたが、何より人間としての誕生と発達がなければ、今の筆者はない。いつも我が家を温かく見守ってくださる岳夫と丈母に本書をお渡しできるのも嬉ばしいことである。この世代として少しでも責任を果たすことで、東京にいる家族の恩に報いたい。

札幌に赴任して、数年前まで若手研究者を名乗っていたのを夢のように感じるときがある。教室には、もはや子の世代の年齢の学生たちがいる。本書は、学生諸君のために書かれたものである。本書が一人でも多くの学生の手に渡り、メディア研究における知を次の世代に伝えるメディウムの役割を果たしてくれれば幸いである。

二〇一三年六月

柴田　崇

人名索引

さ 行

た 行

な 行

は 行

ま　行

や　行

ら　行

わ　行

文　献

Anderson, B. (2006) *Imagined Communities*, Revised Edition, Verson, London.＝(2009) 白石隆・白石さや訳『定本　想像の共同体』書籍工房早山

Attali, J. (1977) *Bruit*, Presses Universitaires de France, Paris.＝(1995) 金塚貞文訳『ノイズ』みすず書房

Benjamin, W. (1940) *Geschichtsphilosophische Thesen*; In *Walter Benjamin WERKE*, Suhrkamp Verlag KG., Frankfurt.＝(1992) 野村修訳「歴史哲学テーゼ」高原宏平・野村修編集解説『ヴァルター・ベンヤミン著作集1　暴力批判』: 112–131.

Benedetti, P. & DeHart, N. eds. (1997) *On and by Marshall McLuhan*, The MIT Press, Cambridge, Massachusetts.

Berger, T. & Luckmann, T. (1966) *The Social Construction of Reality*, Doubleday, New York.＝(2003) 山口節郎訳『現実の社会的構成』新曜社

Bergson, H. (1932) *Les deux sources de la morale et de la religion*. Presses Universitaires de France, Paris.＝(1967) 平山高次訳『道徳と宗教の二源泉』岩波書店

Bernal, J. D. (1970) *The World, the Flesh and the Devil*, Jonathan Cape, London (original work published in 1929).

Bernal, J. D. (1929) *The World, the Flesh and the Devil*, Kegan Paul, London.＝(1972) 鎮目恭夫『宇宙・肉体・悪魔』みすず書房

Bernard, C. (1865) *Introduction à l'étude de la médecine expérimentale*.＝(1938) 三浦岱榮訳・編『實験医学序説』岩波書店

Bernard, C. (1865) *Introduction à l'étude de la médecine expérimentale*.＝(1943) 三浦岱榮訳・編「實験医学序説」『クロード・ベルナール』富山房

Brun, J. (1963) *La main et l'esprit*, Presses Universitaires de France, Paris.＝(1990) 中村文郎訳『手と精神』法政大学出版局

Bush, V. (1945 July) "As We May Think", *Atlantic Monthly*, 176: 101–

108.＝(1997) 西垣通訳「われらが思考するごとく」西垣通編『思想としてのパソコン』NTT 出版 : 65–89.

Canguilhem, G. (1965) *La connaissance de la vie*, J. Vrin.＝(2002) 杉山吉広訳『生命の認識』法政大学出版局

Canguilhem, G. (1966) *Le normal et le pathologique*, Presses Universitaires de France, Paris.＝(1987) 滝沢武久訳『正常と病理』法政大学出版局

Canguilhem, G. (1983) *Etudes d'hitoire et de philosophie des sciences*, J. Vrin.＝(1991) 金森修訳『科学史・科学哲学研究』法政大学出版局

Cannon, W. B. (1932) *Wisdom of the Body*, Kegan Paul, Trench, Trubner and Company Ltd., London.＝(1994) 舘鄰・舘澄江訳『からだの知恵』講談社

Carey, J. W. (1969) Rosenthal R. ed., *McLuhan: Pro and Con*, Penguin Books.: 270–308＝(1967) *Antioch review*, vol. XXVII, no. 1.

Carpenter, E. (2001) "Appendix B", In Theall D. F. (2001) *The Virtual Marshall McLuhan*, McGill-Queen's Press, Montreal & Kingston, London, Ithaca: 236–261.

Carpenter, E. ed., (1953 December) *Explorations*, no. 1, University of Toronto, Toronto.

Carpenter, E. ed., (1954 April) *Explorations*, no. 2, University of Toronto, Toronto.

Carpenter, E. ed., (1954 August) *Explorations*, no. 3, University of Toronto, Toronto.

Carpenter, E. ed., (1955 February) *Explorations*, no. 4, University of Toronto, Toronto.

Carpenter, E. ed., (1955 June) *Explorations*, no. 5, University of Toronto, Toronto.

Carpenter, E. ed., (1956 July) *Explorations*, no. 6, University of Toronto, Toronto.

Carpenter, E. & McLuhan, M. eds., (1957 March) *Explorations*, no. 7, University of Toronto, Toronto.

Carpenter, E. & McLuhan, M. eds., (1957 October) *Explorations*, no. 8, University of Toronto, Toronto.

Carpenter, E. & McLuhan, M. eds., (1959) *ESKIMO-Explorations*, no. 9,

University of Toronto, Toronto.

Cassirer, E. (1930) "Form und Technik", *Kunst und Technik*, hrsg. Leo Kestenberg, Wegweiser Verlag, Berlin, S. 15–61, In Cassirer, E. (1985) "Form und Technik", *Symbol, Technik, Sprache*, Felix Meiner Verlag, Hamburg.＝(1993) 篠木芳夫・高野敏行訳『形式と技術 シンボル・技術・言語』法政大学出版局

Cavell, R. (2002) *McLuhan in Space*, University of Toronto Press, Toronto, Buffalo, London.

Childe, V. G. (1936) *Man Makes Himself*.＝(1971) ねずまさし訳『文明の起源　上』岩波書店

Clarke, A. C. (1973) *Profile of the Future*, Pan Books Ltd., London (original work published in 1958–62).＝(2001) 福島正美・川村哲郎訳『未来のプロフィル』早川書房

Culkin, J. (1969) Rosenthal R. ed., *McLuhan: Pro and Con*, Penguin Books: 242–256.＝(1967 March 18) *Saturday Review*.

Curtis, J. M. (1978) *Culture as Polyphony: An Essay on the Nature of Paradigms*. University of Missouri Press, Columbia & London.

Curtis, J. M. (1981) "McLuhan: The Aesthete as Historian", *Journal of Communication*, 31: 3:144–152.

Curtis, J. M. (2005) "Why World History Needs McLuhan", In Strate, L. & Wachel, E. eds., *The Legacy of McLuhan*, Hampton Press, Cresskill, NJ.: 163–175.

Dagognet, F. (1977) *Une épistémologie de l'espace concret*, J. Vrin.＝(1987) 金森修訳『具象空間の認識論』法政大学出版局

Dagognet, F. (1982) *Faces, surfaces, interface*, J. Vrin.＝(1990) 金森修・今野喜和人訳『面・表面・界面』法政大学出版局

Dagognet, F. (1986) *Philosophie de l'image*, seconde édition augmentée, J. Vrin.＝(1996) 水野浩二訳『イメージの哲学』法政大学出版局

Dagognet, F. (1988) *La maîtrise du vivant*, Hachette.＝(1992) 金森修・松浦俊輔訳『バイオエシックス』法政大学出版局

Dagognet, F. (1996) *Pour une philosophie de la maladie; entretiens avec Philippe Petit*, Editions TEXTUEL, Paris.＝(1998) 金森修訳『病気の哲学のために』産業図書

Eisenstein, E. (1983) *The Printing Revolution in Early Modern Europe*,

Cambridge University Press, Cambridge.＝(2001) 別宮貞徳監訳・小川昭子・家本清美・松岡直子・岩倉桂子訳『印刷革命』みすず書房

Eisenstein, E. (2009) *The Printing Press as an Agent of Change*, Cambridge University Press, Cambridge (original work published in 1979).

Engelbart, D. C. (1963) "A Conceptual Framework for the Augmentation of Man's Intellect", *Vistas in Information Handling*, vol. 1, Howerton, P. W. ed., Spartan books, Washington, D.C. .

Finkelstein, S. (1968) *Sense & Nonsense of McLuhan*, International Publishers, New York.

Freund, J. (1963 May) "McLuhan's Galaxy", *Journal of Conference on Collage Composition and Communication*, the National Council of Teachers of English (In Stern, G. E. ed. (1967) *McLuhan: Hot & Cool*, The Dial Press, New York.: 162–168.)

深瀬基寛 (1968)『深瀬基寛集　第一巻』筑摩書房

Fuller, R. B. (1971) *Nine Chains to the Moon*, Doubleday, New York (original work published in 1938, 1963).

Fuller, R. B. (1962) "The desighners and the Politicians".＝(2004) 梶川泰司訳「デザイナーと政治家」『宇宙エコロジー』美術出版社 : 20–32.

Fuller, R. B. (1966 Spring) "An Address Presented at Vision 65", a conference sponsored by the International Conference for the Communication Art and Sciences, *The American Scholar*.＝(1966) 田口統吾訳「現代における人間の条件」『日米フォーラム』12: 11: 59–73.

Fuller, R. B. (1974) *Operating Manual for Spaceship Earth*, Southern Illinois University Press (original work published in 1963).＝(2000) 芹沢高志訳『宇宙船地球号　操縦マニュアル』ちくま書房

Fuller, R. B. (1979) *Buckminster Fuller on Education*, The University of Massachusetts press, Amherst, Massachusetts.＝(2001) 金坂留美子訳『バックミンスター・フラーの宇宙学校』めるくまーる社

Fuller, R. B. & Marks, R. (1960) *The Dymaxion World of Buckminster Fuller*, Doubleday, New York.＝(1995) 木島安史・梅沢忠雄訳『ダイマキシオンの世界』鹿島出版会

Fuller R. B. & Kuromiya, K. (1992) *Cosmography*, Macmillan Publishing Company, New York, NY.＝(2007) 梶川泰司訳『コスモグラフィ

ー——シナジェティクス原論』白揚社

Gehlen A. (1957) *Die Seele im technischen Zeitalter-Sozialpsychologische Probleme in der industriellen Gesellschaft*, Hamburg (original work published in 1949).=(1986) 平野具男訳『技術時代の魂の危機』法政大学出版局

Gehlen A. (1961) *Anthropologische Forschung*, Rowohlt Taschenbuch Verlag GmbH, Reinbek bei Hamburg.=(1999) 古田惇二・細谷貞雄・荒井武・亀井裕・浦滝静雄・新田義弘訳『人間学の探究』紀伊国屋書店

Gibson, J. J. (1986) *The Ecological Approach to Visual Perception*. Lawrence Erlbaum Associates, Hillsdale, NJ. (original work published in 1979).=(1998) 古崎敬・古崎愛子・辻敬一郎・村瀬旻訳『生態学的視覚論』サイエンス社

Gibson, J. J. & Crooks, L. E. (1938) "A Theoretical Field Analysis of Automobile Driving", *American Journal of Psychology*, 51: 453–471 (In Reed E. & Jones, R. eds., (1982) *Reasons for Realism: Selected Essays of James J. Gibson*, Lawrence Erlbaum Associates, Hillsdale, NJ.: 119–136).

Giedion S. (1948) *Mechanization Takes Command*, Oxford University Press, New York.=(1990) 榮久庵祥二訳『機械化の文化史』鹿島出版会

Gordon, W. T. text & Wilmarth, S. illustration (1997) *McLuhan for Beginners*, Writers and Readers, New York.=(2001) 宮澤淳一訳『マクルーハン』筑摩書房

Hall, E. T. (1959) *The Silent Language*, Doubleday, New York.=(1997) 國弘正雄・長井善見・斎藤美津子訳『沈黙のことば』南雲堂

Hall, E. T. (1966) *The Hidden Dimension*, Doubleday, New York.=(1976) 日高敏隆・佐藤信行訳『かくれた次元』みすず書房

Hall, E. T. (1976) *Beyond Culture*, Anchor Press, Doubleday, New York.=(1993) 岩田慶治・谷泰訳『文化を超えて』TBS ブリタニカ

Hall, E. T. (1983) *The Dance of Life: The Other Dimension of Time*, Anchor Press, Doubleday, New York.=(1983) 宇波彰訳『文化としての時間』TBS ブリタニカ

Hall, E. T. (1994) "Chapter H.-Visual and Other Worlds", *Who was*

Marshall McLuhan?, Stoddart Publishing, Toronto: 148–151.

服部桂（2001）『メディアの預言者――マクルーハン再発見』廣済堂出版

Havelock, E. A.（1994）*Preface to Plato*, Harvard University Press, Massachusetts（original work published in 1963）.＝(1997）村岡晋一訳『プラトン序説』新書館

Heims, S. J.（1991）*Constructing a Social Science for Postwar America; The Cybernetics Group, 1946–1953*, The MIT Press.＝(2001）忠平美幸訳『サイバネティクス学者たち』朝日新聞社

Hippokratēs, *Peri archaies ietrikes.*＝(1976）小川政恭訳『古い医術について』岩波書店

広瀬通孝（2007）『ヒトと機械のあいだ』岩波書店

Holmes, D. A. & Zabriskie, G.（1964 October 5）"The Cybernetic Caveman", *The Nation*: 194–196, In Crosby, H. H. & Bond, G. R. eds.（1968）*The McLuhan Explosion*, American Book Company: 49–55.

Höffding H.（1922）*Sören Kierkegaard als Philosoph.*＝(1935）鳥井博郎訳『哲学者としてのキルケゴール』第一書房

池上嘉彦（1992）『詩学と文化記号論』講談社

Innis, H. A.（2007）*Empire and Communications*, Rowman & Littlefield Publishers, London, Boulder, New York, Toronto, Plymouth（original work published in 1950）.

Innis, H. A.（1964）*The Bias of Communication*, University of Toronto Press, Toronto, Buffalo, London（original work published in 1951）.＝(1987）久保秀幹『メディアの文明史――コミュニケーションの傾向性とその循環』新曜社

伊藤重行（1987）「システム哲学」北川敏男・伊藤重行編『システム思考の源流と発展』九州大学出版会 : 1–24.

Jakobson, R.（1953 April）"Result of the Conference of Anthropologists and Linguists", *Supplement to International Journal of American Linguistics*, Vol. 19, No. 2, Mem. 8.（In Ruwet, N. ed.（1963）*Essais de linguistique générale*, Les Editions de Minuit, Pari.）.＝(1993）田村すゞ子訳「人類学者・言語学者会議の成果」川本茂雄監訳『一般言語学』みすず書房 : 3–20.

Jakobson, R.（1960a）"Closing Statement: Linguistics and Poetics", Sebeok, T. A. ed.（1966）, *Style in Language*, The MIT Press, Cam-

bridge, Massachusetts: 350–377.

Jakobson R.（1960b）"Linguistics and Communication Theory", Waugh, L. R. & Monville-Burston, M. eds.（1995）*On Language*, Harvard University Press, Cambridge, Massachusetts London: 489–497.

James W.（1912）*Essays in Radical Empiricism*, Perry R. B. ed., Longmans, Green, and Co., New York.＝(1978）桝田啓三郎・加藤茂訳『根本的経験論』白水社

Jaspers, K.（1948）*Allgemeine Psychopathologie*（original work published in 1913).＝(1953）内村祐之・西丸四方・島崎敏樹・岡田敬蔵訳『精神病理学総論　上』岩波書店

門林岳史（2009）『ホワッチャ ドゥーイン，マーシャル・マクルーハン？』NTT 出版

金森修（2012）『動物に魂はあるのか』中央公論新社

Kapp, E.（1877）*Grundlinien einer Philosophie der Technik*, Braunschweig: Druck und Verlag von George Westermann.

Kerckhove, D.（1981）"Understanding McLuhan", *The Canadian Forum*, vol. LXI, 709: 8–9, 33.

Kerckhove, D.（1995）*"The Skin of Culture"*, Somervill House Books, Toronto, Ontario.＝(1999）片岡みい子・中澤豊訳『ポストメディア論』NTT 出版

Levinson, P.（1999）*Digital McLuhan*, Routledge.＝(2000）服部桂訳『デジタル・マクルーハン』NTT 出版

Lord, A. B.（2000）*The Singer of Tales*, 2nd edition, Mitchell, S. & Nagy, G. eds., Harvard University Press, Cambridge, Massachusetts, London, England（original work published in 1960).

Marchand, P.（1989）*Marshall McLuhan*, Ticknor & Fields, New York.

Marchessault J.（2005）*Marshall McLuhan*, SAGE Publications, London, Thousand Oaks, New Delhi.

Maruyama, M.（1963）"The Second Cybernetics", *American Scientist*, 51: 164–179.＝(1987）佐藤敬三訳「セカンド・サイバネティクス」北川敏男・伊藤重行編『システム思考の源流と発展』九州大学出版会：77–103.

McDougall, W.（1938）*Body and Mind*, Methuen, London（original work published in 1911).

McDougall, W. (1926) *An Outline of Psychology*, Methuen, London (original work published in 1923).

McLuhan, E. (1997a) "Predicting the Present", *On and by Marshall McLuhan*, Benedetti, P. & DeHart, N. eds., (1997) The MIT Press, Cambridge, Massachusetts: 186.

McLuhan, E. (1997b) *"The Role of Thunder in* Finnegans wake", University of Toronto Press, Toronto, Buffalo, London.

McLuhan, E. (1999) "Introduction", *The Medium and the Light*, McLuhan, E. & Szklarek, J. eds., Stoddart, Toronto: ix-xxviii.

McLuhan, M. (2006) *The Classical Trivium-The Place of Thomas Nashe in the Learning of his Time*, Gordon, T. ed., Gingko Press, CA.＝(1943) McLuhan, M. *The Classical Trivium-The place of Thomas Nashe in the Learning of his Time*, the Cambridge University doctoral dissertation.

McLuhan, M. (1999) "Wyndham Lewis: Lemuel in Lilliput", McLuhan, E. ed., *The Medium and the Light*: 178–197＝McLuhan, M. (1944) "Wyndham Lewis: Lemuel in Lilliput", *Studies in honor of St. Thomas Aquinas: Key thinkers and modern thought*, Saint Louis University, 2: 58–72.

McLuhan, M. (1995) "American Advertising", McLuhan, E. & Zingrone, F. eds., *Essential McLuhan*, Basic Books, New York, NY.＝McLuhan, M. (1947 October) "American Advertising", *Horizon*.

McLuhan, M. (1967) *The Mechanical Bride*, Beacon Press, Boston (original work published in 1951).＝(1991) 井坂学訳『機械の花嫁』竹内書房新社

McLuhan, M. (1954) "Sight, Sound, and the Fury", *Commonweal 60*, Apr. 9: 168–197.＝(1969) 渡辺武達訳「視覚・聴覚・情覚」鶴見俊輔編『大衆の時代』平凡社：128–137.

McLuhan, M. (1957 October) "Stress", *Explorations*, no. 8, University of Toronto, Toronto: item-8.

McLuhan, M. (1960) "Grammars for the New Media", Shoemaker, F. & Forsdale, L. eds., *Communication in General Education*, WM. C. Brown, Dubuque, Iowa: 17–27.

McLuhan, M. (1997) *The Gutenberg Galaxy-The Making of Typograph-*

ic man, University of Toronto Press, Toronto Buffalo London (original work published in 1962).＝(1986) 森常治訳『グーテンベルクの銀河系――活字人間の形成』みすず書房

McLuhan, M. (1964a) *Understanding Media-The Extensions of Man*, McGraw-Hill, New York.＝(1994) *Understanding Media-The Extensions of Man*, MIT Press edition, with a new introduction by Lewis H. Lapham, The MIT Press, Massachusetts.＝(2003) *Understanding Media-The Extensions of Man*, Critical Edition, Gordon, T. ed., Gingko Press, CA. ＝(1967) 後藤和彦・高儀進訳『人間拡張の原理』竹内書房＝(1987) 栗原裕・河本仲聖訳『メディア論――人間拡張の諸相』みすず書房

McLuhan, M. (1964b) "New Media and the Arts", *Arts in Society*, vol. 3, 2: 239–242.

McLuhan, M. (1964c) "Introduction", In Innis, H. (1964) *The Bias of Communication*, University of Toronto Press, Toronto, Buffalo, London: vii-xvi.

McLuhan, M. (1965) "An Address Presented at Vision 65", a conference sponsored by the International Conference for the Communication Art and Sciences, In (1966 Spring) *The American Scholar*.＝(1966) 田口統吾訳「人間の新しい環境」『日米フォーラム』12: 11: 40–58.

McLuhan, M. (1966a April) "Electronics & the Psychic Drop-Out", *This Magazine is About Schools*, vol. 1: 37–42.

McLuhan, M. (1966b) "Decline of the Visual", *Dot Zero*, no. 1, Finch, Pruyn & Company, Glens Falls, New York, NY., 3.

McLuhan, M. (1967a) "Cybernation and Culture", Dechert, C. R. ed., *The Social Impact of Cybernetics*, Simon and Schuster: 95–108.

McLuhan, M. (1967b) "The Future of Morality", Dunphy W. ed., *The New Morality*, Herder and Herder, New York: 175–189.

McLuhan, M. (1967c) "Conversation with McLuhan (by Stearn G. E.) ", *Encounter*, XXVIII, 6: 50–58.

McLuhan, M. (1967d) "The Best of Ideas", *CBC radio*, In *On and by Marshall McLuhan*, Benedetti, P. & DeHart, N. eds., (1997) The MIT Press, Cambridge, Massachusetts: 186.

McLuhan, M. (1967e) The Seven o'clock Show, *CBC television*, In *On*

and by Marshall McLuhan, Benedetti, P. & DeHart, N. eds., (1997) The MIT Press, Cambridge, Massachusetts: 187.

McLuhan, M. (1968a) "Environment as Programmed Happening", Ong, W. J. ed., *Knowledge and the Future of Man*, Simon and Schuster: 113–124.＝(1970) 犬田充訳『知識と人間の未来』講談社 : 129–145.

McLuhan, M. (1968b) "Relation of Environment to Anti-environment", Bergonzi B. ed., *Innovations*, Macmillan, London Melbourne Toronto: 122–133.

McLuhan, M. (copy right) (1968c) "A Second Way to Read *War and Peace in the Global Village* or McLuhan made linear", *The McLuhan Dew-line*, vol. 1, no. 3, Human Development Corporation, New York.

McLuhan, M. (1969a) *Counterblast*, designed by Parker H., Harcourt, Bruce & World, New York.

McLuhan, M. (1969b) *Exploration of the Ways, Means, and Values of Museum Communication with the Viewing Public*, A seminar held on October 9 and 10, 1967 at the Museum of the City of New York (principle speakers; McLuhan, M., Parker, H. & Barzun, J.), Museum of the City of New York.

McLuhan, M. (1972) *Culture is Our Business*, Ballantine Books, New York (original work published in 1970).

McLuhan, M. (1974) "Making Contact with Marshall McLuhan (interview by Forsdale, L. on December 9, 1972)", *Electric Media*, Harcourt Brace Jovanovich: 147–158.

McLuhan, M. (1976 April) "Misunderstanding the Media's Law", *Technology and Culture*, The University of Chicago press, 17, 2: 263.

McLuhan, M. & Carpenter, E. (1956 Spring) "The New Language", *Chicago Review*, The university of Chicago press, 10, 1: 46–52.

McLuhan, M. & Carpenter, E. eds. (1960) *Explorations in Communication*, Bacon Press.＝(2009) 大前正臣・後藤和彦訳『マクルーハン理論』平凡社

McLuhan, M. & Fiore, Q. (1967) *The Medium is the Massage*, Bantam Books, New York, London, Toronto.＝(2010) 南博訳『メディアはマッサージである』河出書房新社

McLuhan, M. & Fiore Q. (1968) *War and Peace in the Global Village*, Bantam Books, New York, London, Toronto.＝(1972) 広瀬英彦訳『地球村の戦争と平和』番町書房

McLuhan, M. & Watson, W. (1970) *From Cliché to Archetype*, The Viking Press, New York.

McLuhan, M. & Nevitt, B. (1972) *Take Today*, Harcourt Brace Jovanovich, New York.

McLuhan, M. & McLuhan, E. (1988) *Laws of Media*, University of Toronto press, Toronto Buffalo London.＝(2002) 高山宏監修・中澤豊訳『メディアの法則』NTT 出版

McLuhan, M. & Powers B. R. (1989) *The Global Village*, Oxford University Press, New York, Oxford.＝(2003) 浅見克彦訳『グローバル・ヴィレッジ』青弓社

McLuhan, S. & Staines, D. eds. (2003) *Marshall McLuhan; Understanding Me; Lectures and Interviews*, The MIT Press, Cambridge, Massachusetts.

Merleau-Ponty, M. (1945) *Phénoménologie de la perception*, Gallimard, Paris.＝(1991) 竹内芳郎・小木貞孝訳『知覚の現象学 I』みすず書房

三木清 (1967)『三木清全集　第七巻』岩波書店 .

Miller, J. (1971) *Marshall McLuhan*, The Viking Press, New York.＝(1973) 猪俣浩訳『マクルーハン』新潮社

宮澤淳一 (2008)『マクルーハンの光景』みすず書房

Molinaro, M., McLuhan, C. & Toye, W. select and edit (1987) *Letters of Marshall McLuhan*, Oxford University Press.

Mumford, L. (1934) *Technics and Civilization.*＝(1942) 三浦逸雄訳『技術と文明』育生社弘道閣

Mumford, L. (1952) *Art and Technics*, Bampton lectures in America, Columbia University Press, New York.＝(1970) 生田勉訳『芸術と技術』岩波書店

Mumford, L. (1967) *The Myth of the Machine*, Harcourt, Brace & World.＝(1971) 樋口清訳『機械の神話』河出書房新社

村上陽一郎 (2001)「システム科学瞥見」『現代思想 (2 月臨時増刊号)』青土社, vol. 29-3: 65-71.

Nevitt, B. & McLuhan, Maurice (1994) *Who was Marshall McLuhan?*,

Stoddart, Toronto.

Noiré, L. (1880) *Das Werkzeug und seine Bedeutung für die Entwickelungsgeschichte der Menschheit.*＝(1954) 三枝博音訳『道具と人類の発展（上)』岩波書店

Ong, W. J. (1955 February) "Space in Renaissance Symbolism", *Explorations*, no. 4, University of Toronto, Toronto.

Ong, W. J. (1981) "McLuhan as Teacher: The future is a Thing of the Past", *Journal of Communication*, 31, 3: 129–135.

Ong, W. J. (2002) *Orality and Literacy*, Routledge, New York, NY. (original work published in 1982).＝(1991) 桜井直文・林正寛・糟谷啓介訳『声の文化と文字の文化』藤原書店

Paz, O. (1991) "The Channel and the Signs", *Alternating Current*, Lane, H. R. trans., Arcade Publishing, New York: 154–160.

Plato, *Phaedrus*＝(1993) 藤沢令夫訳『パイドロス』岩波書店

Polanyi, M. (1962) *Personal Knowledge*, Corrected edition, The University of Chicago Press.＝(2001) 長尾史郎訳『個人的知識』ハーベスト社

Quinton, A. (1969) "Cut-rate Salvation", Rosenthal R. ed., *McLuhan: Pro and Con*, Penguin Books: 186–198＝(1967) In *The New York Review of Books*, The New York Review.

Ramo, S. (1958) "A New Technique of Education", *IRE Transaction of Education*, June: 37–42 (Reprint from *Engineering and Science Monthly*, published California Inst. Tech., Pasadena, Calif., October, 1957).

Ramo, S. (1961) "The Scientific Extension of the Human Intellect", *Computer and Automation*, February: 9–12 (based on a talk "The Scientific Challenge of the New Age" by Dr. Ramo before the 65th annual congress of American industry, Dec. 7, 1960, New York).

Ramo, S. (1969) "The Nature of Systems Engineering", *Beyond Left & Right*, edited with and introduction by Kostelanetz, R., William Morrow and Company, New York.: 371–377 (Excerpt from "Parts and Wholes in Systems Engineering", by Simon Ramo, Reprinted with permission from *Parts and Wholes*, The Free Press, 1963, edited by Daniel Lerner).

Ramo, S. (1969) "The Computer as an Intellectual Tool", *Beyond Left & Right*, edited with and introduction by Kostelanetz, R., William Morrow and Company, New York: 47–51 (Reprinted with the permission of the American Federation of Information Processing Society, 1965).

Rosenthal, R. (1969) "McLuhan, (Herbert) Marshall", Rosenthal R. ed., *McLuhan: Pro and Con*, Penguin Books: 15–22＝(1967) "Current biography", The H. W. Wilson Company.

三枝博音 (1977)『技術の哲学』岩波書店 (1951年初版)

坂本賢三 (1975)『機械の現象学』岩波書店

坂本賢三 (1987)『先端技術のゆくえ』岩波書店

佐々木正人 (1992)「身体はメディエイトしない」『現代思想』青土社, vol. 20–3: 120–130.

Sass, H. M. (1978) "Man and his Environment: Ernst Kapp's Pioneering Experience and Philosophy of Technology and Environment", Lich, G. E. & Reeves, D. B. eds., *German Culture in Texas, A Free Earth; Essays From the 1978 Southwest Symposium*, Twayne Publishers, a division of G. K. Hall, Boston: 82–99.

佐藤敬三 (1972)「サイバネティクスと一般システム論」『科学と思想』新日本出版社, No. 6: 255–271.

佐藤敬三 (1984)「システム——サイバネティクスの成立」『現代思想』青土社, vol. 12–1: 230–239.

佐藤敬三 (1987)「システム論の発展と批判的合理主義」北川敏男・伊藤重行編『システム思考の源流と発展』九州大学出版会: 25–76.

佐藤敬三 (2001)「サイバネティクスの歴史と精神」『現代思想』青土社, vol. 29–5: 101–113.

Selye, H. (1953 December) "Stress", *Explorations*, no. 1, University of Toronto, Toronto.

Selye, H. (1976) *The Stress of Life*, Revised Edition, McGraw-Hill, New York (original work published in 1956).＝(1994) 杉靖三郎・田多井吉之介・藤井尚治・竹宮隆訳『現代社会とストレス 原書改訂版』法政大学出版局

Selye, H. (1964) *From Dream to Discovery*, McGraw-Hill, New York.＝(1969) 田多井吉之介訳『夢から発見へ』ラテイス

Shannon, C. & Weaver, W. (1949) *The Mathematical Theory of Communication*, The University of Illinois Press.＝(1969) 長谷川淳・井上光洋訳『コミュニケーションの数学的理論』明治図書出版＝(2009) 植松友彦訳『通信の数学的理論』筑摩書房

柴田崇 (1998)「マクルーハンにおける『メディア』の概念——コミュニケーションモデルの検証を通じての一考察」『明治学院大学大学院国際学研究科　国際学研究科紀要』5: 1–20.

柴田崇 (1999)「マクルーハンの身体論」『映像学』63: 71–86.

柴田崇 (2002)『マクルーハンにおける二つの円環』東京大学大学院教育学研究科修士論文

柴田崇 (2004)「D・カッツのメディウム論」『生態心理学研究』1: 1: 25–31.

柴田崇 (2006)「『透明』になる道具の生態学的意義——J・J・ギブソンの道具論のホルト流解釈」『UTCP 研究論集』7: 21–33.

柴田崇 (2007)「サイボーグの理解——extension の系譜学」『UTCP 研究論集』10: 33–50.

柴田崇 (2008)「二十世紀におけるメディウム概念の成立と変容」東京大学大学院教育学研究科博士論文

柴田崇 (2009)「マクルーハンの extension のオリジナリティーについて——論争と再考」『カナダ研究年報』29: 33–50.

柴田崇 (2010)「マクルーハンのリテラシー論——E・ハヴロックとの接点」『文芸学研究』14: 1–22.

柴田崇 (2011a)「ファイボーグの理解——サイボーグに代わる者？」『年報新人文学』8: 36–96.

柴田崇 (2011b)「前を見ること——マクルーハンの詩論」『マクルーハン』河出書房新社 : 90–99.

柴田崇 (2011c)「『マクルーハン理論』」『マクルーハン』河出書房新社 : 30–33.

柴田崇 (2011d)「『グーテンベルクの銀河系』」『マクルーハン』河出書房新社 : 34–37.

柴田崇 (2012)「ハイダーとギブソンのメディウム概念」『生態心理学研究』5: 15–28.

柴田崇 (2013a)「メディア研究の生態学的転回」『知の生態学的転回　第二巻』東京大学出版会：233–257.

柴田崇 (2013b)「“extension” をめぐるマクルーハン研究の検証——リチャ

ード・キャヴェルの『空間におけるマクルーハン』について」『新人文学』10: 86–119.

柴田崇（2014a）「坂本賢三研究序説——“extension”の分節から（上）」『人文論集』56: 61–74.

柴田崇（2014b）「マクルーハンによるヤコブソン理解のドグマ——通信モデルとの連続性と断絶」『新人文学』11: 92–147.

柴田崇（2015）「サイボーグの『原型』——“extension”の系譜学に基づくJ・D・バナールの読解」『新人文学』12: 42–91.

柴田崇（2022）『サイボーグ——人工物を理解するための鍵』東京大学出版会

荘子＝(2008) 金谷治訳注『荘子　第二冊［外篇］』岩波書店

Spengler, O.（1931）*Der Mensch und die Technik-Beitrag zu einer Philosophie des Lebens.*＝(1940) 加茂儀一訳「人間と技術」『文化の危機・人間と技術』三笠書房 : 151–128.

Springer, S. P. & Deutsch, G.（1993）*Left Brain, Right Brain*, 4th ed., W. H. Freeman and Company, New York.＝(1997) 福井圀彦・河内十郎監訳『左の脳と右の脳』医学書院

Theall D. F.（1971）*The Medium is the Rear View Mirror; Understanding McLuhan*, McGill-Queen's University Press, Montreal and London.

Theall D. F.（2001）*The Virtual Marshall McLuhan*, McGill-Queen's Press, Montreal & Kingston, London, Ithaca.

所雄章（1996）『デカルトII』勁草書房

Usher, A. P.（1929）*A History of Mechanical Invention*, New York.＝(1940) 富成喜馬平訳『技術發明史』岩波書店

Valéry, P.（1932）*Discours de l'hisotoire prononcé à la distribution solennelle des prix du Lycée Janson-de-Sailly, le 13 juillet 1932*, Les presses modernes.＝(1974) 柴田三千雄訳「歴史についての講演」『ヴァレリー全集 11　文明批評』筑摩書房

Valéry, P.（1934）*Les cahiers de Radio-Paris*, 15 août 1934.＝(1974) 寺田透訳「精神の政治学の道しるべ」『ヴァレリー全集 11 文明批評』筑摩書房

Viaud, G.（1946）*L'intelligence*, Presses Universitaires de France, Paris.＝(1963) 村上仁訳『知能』白水社

Wagner, G.（1969）“Misunderstanding Media: Obscurity as Authority”, Rosenthal R. ed., *McLuhan: Pro and Con*, Penguin Books: 153–164＝（1967 March）In *Kenyon Review*.

Warwick, K.（2002）*I, cyborg*, Century.

Weiner, N.（1956）*I am a Mathematician*, Doubleday, New York.＝（1983）鎮目恭夫訳『サイバネティックスはいかにして生まれたか』みすず書房

Wendt, U.（1906）*Die Technik als Kulturmacht, in Sozialer und in Geistiger Beziehung.*＝（1953）三枝博音・鳥井博郎訳『技術と文化』創元社

Young, J. Z.（1950）*Doubt and Certainty in Science*, The Clarendon Press, Oxford, England.＝（1958）岡本彰祐訳『人間はどこまで機械か』白揚社

Young J. Z.（1953）“Discrimination and Learning in Octopus”, von Foerster H. ed., *Cybernetics*, transactions of 9th. conference, March 20–21, 1952, New York. NY., Josiah Macy, Jr. Foundation.

由良君美（1987）「マーシャル・マクルーハンの教訓」『みみずく英学塾』青土社：223–230. ＝由良君美（1967）「マーシャル・マクルーハンの教訓」『不死鳥通信』27.

Zolla, E.（1969）“The End and the Means”, Rosenthal R. ed., *McLuhan: Pro and Con*, Penguin Books: 178–185.

Zylinska, J.（2002）“Extending McLuhan into the New Media Age: An Introduction”, Zylinska, J. ed., *The Cyborg Experiments*, Continuum, London, New York.: 1–12.

著者紹介

1969年生まれ.

2008年　東京大学大学院教育学研究科博士課程修了　博士（教育学）

現　在　北海学園大学人文学部教授

専　門　メディア論，技術思想史，アフォーダンス理論

主な著書・論文

『知の生態学的回転 2』（分担執筆，2013，東京大学出版会），『マクルーハン』（分担執筆，2011，河出書房新社），『共生のための技術哲学』（分担執筆，2006，未来社），『伝記ジェームズ・ギブソン』（共訳，2006，勁草書房），「ハイダーとギブソンのメディウム概念」（『生態心理学研究』2012，第5号）など

マクルーハンとメディア論　身体論の集合

2013年9月30日　第1版第1刷発行
2023年3月20日　第1版第3刷発行

著者　柴《しば》田《た》　崇《たかし》

発行者　井村寿人

発行所　株式会社　勁《けい》草《そう》書房

112-0005　東京都文京区水道 2-1-1　振替　00150-2-175253
（編集）電話 03-3815-5277／FAX 03-3814-6968
（営業）電話 03-3814-6861／FAX 03-3814-6854
理想社・松岳社

ISBN978-4-326-65384-3　Printed in Japan

E・S・リード
佐々木正人 監訳
柴田崇・高橋綾 訳
伝記 ジェームズ・ギブソン
知覚理論の革命
A5判 五一七〇円

飯田 豊
立石祥子 編著
現代メディア・イベント論
パブリック・ビューイングからゲーム実況まで
四六判 三三〇〇円

辻 泉
鉄道少年たちの時代 想像力の社会史
A5判 四六二〇円

牧野智和
自己啓発の時代 「自己」の文化社会学的探究
四六判 三一九〇円

牧野智和
日常に侵入する自己啓発
生き方・手帳術・片づけ
四六判 三一九〇円

轡田竜蔵
地方暮らしの幸福と若者
四六判 三九六〇円

米澤 泉
「くらし」の時代 ファッションからライフスタイルへ
四六判 二八六〇円

＊表示価格は二〇二三年三月現在。消費税は含まれております。